Projekt Zeit

Jürgen Adam

Verlag an der Ruhr

Impressum

Titel:	**Projekt Zeit**
	Projektanregungen und Materialien
Autor:	**Jürgen Adam**
Redaktion:	**Johannes-Peter Meier**
Satz & Layout:	**Oliver Rahn**
Titelbild:	**Rüdiger Heierhoff**
Druck:	**Druckerei Uwe Nolte, Iserlohn**

Verlag an der Ruhr: *Postfach 10 22 51,*
45472 Mülheim an der Ruhr
Alexanderstr. 54,
45422 Mülheim an der Ruhr
Tel.: 0208/49 50 40
Fax: 0208/495 0 495

ISBN 3-86072-029-5

© Verlag an der Ruhr, November 1993
(teilweise aktualisierte Neuauflage, Januar 1996)

Kopieren für die Schule und die Lerngruppe
Als Käufer dieses Materials erhalten Sie das Recht, einmalige Kopien für Ihre Klassen und Lerngruppen zu ziehen. Kopien zu anderen Zwecken oder in anderer Menge sind Raubkopien und gefährden die Existenz des (Ihres) Verlags und seiner Mitarbeiter.

Wir hoffen auf Ihr Verständnis und danken dafür.

Dasselbe noch einmal juristisch:
Urheberrecht und Vervielfältigungen
Dieses Werk ist urheberrechtlich geschützt.
Alle Rechte der Wiedergabe, auch in Auszügen, in jeder Art (Fotokopie, Übersetzungen, Mikroverfilmung, elektronische Speicherung und Verarbeitung) liegen beim Verlag.
Der Verlag räumt dem Käufer dieses Werkes das Recht zur einmaligen Kopie für die Stärke einer Lerngruppe ein. Zuwiderhandlungen können strafrechtlich verfolgt werden und berechtigen den Verlag zu Schadensersatzansprüchen.

Inhaltsverzeichnis

Einleitung	S. 4
Zeit für die Zeit	S. 5
Ein Trip in die Urzeit	S. 6
Schulzeit	S. 7
Zeit zum Schmunzeln	S. 9
Die Zeit in aller Munde	S. 10
Die Zeit heilt alle Wunden?!	S. 11
Zeit-Zeichen	S. 13
Werbezeit	S. 18
Zeit für Musik	S. 21
Erzählte Zeit/Verfilmte Zeit	S. 23
Zeitlupe/Zeitraffer	S. 25
Sichtbare Zeit	S. 26
Zeit als Entwicklung	S. 32
Lebenszeit	S. 35
Das Zeitliche segnen	S. 36
Endzeitstimmung	S. 37
Ewig währt am längsten	S. 39
Zeitmaschinen und Zeitreisen	S. 40
Der Lauf der Zeit	S. 42
Quattro Stagioni	S. 43
Uhren der Natur?	S. 46
Zeit und Raum	S. 49
Kalendergeschichten	S. 50
Die Zeit vermessen	S. 53
Zeit ist relativ	S. 56
Geschichte des Zeitbewußtseins	S. 59
Zeit und Kultur	S. 60
Time is money	S. 62
Zeit und Macht	S. 64
Tempo, Tempo	S. 66
Bloß keine Zeit verlieren	S. 69
Arbeitszeit/Freizeit/Sozialzeit	S. 72
Zeitkrankheit Langeweile	S. 74
Zeitpioniere	S. 75
Zeit füreinander	S. 77
Die Zeitung	S. 78
Die Projekt-Zeitung	S. 79
Literaturverzeichnis	S. 80

Einleitung

*"Er muß sozusagen die Leiter wegwerfen,
nachdem er auf ihr hinaufgestiegen ist."*
(Ludwig Wittgenstein)

"Das einzige, was uns überhaupt noch interessiert, ist das Problem Zeit. Wir sind ein Volk ohne Zeit." - so der Schriftsteller Ludwig Harig auf die Frage eines Fernsehmoderators, warum bei der WM 1990 ein schnellerer Fußball gespielt werde als bei früheren Weltmeisterschaften.
Schon am 1. Januar 1988 hatte das "ZEITmagazin", die illustrierte Beilage der Wochenzeitung "DIE ZEIT", mit dem Titel aufgewartet: "Die Zeit vergeht und nimmer kehrt sie wieder", um im gleichen Atemzug resignierend festzustellen: "Warum das so ist, versteht nicht einmal die Wissenschaft."

Worüber man so viel spricht und schreibt, wozu man so viel zeichnet und fotografiert, das scheint tatsächlich ein ernsthaftes Problem zu sein: Stoff für ein Projekt. Doch wo es Probleme gibt, da gibt es auch Antworten.
Die Literatur zum Thema "Zeit" ist inzwischen unüberschaubar. Und "vollständig" läßt sich das Thema sowieso nicht bearbeiten.
Die Projektmappe versteht sich als Baustelle. Materialien (Texte und Bilder/Literaturhinweise) und Bauanleitungen (Anregungen) liegen zum freien Gebrauch bereit. Es handelt sich aber lediglich um Vorschläge. Der Kreativität sind kaum Grenzen gesetzt. ∎

Alles ist endlich ....
Vorzeit Halbwertzeit Tageszeit zeitgenössisch Auszeit Urzeit Stillzeit Zeitung zeitlich Zeitform Schonzeit Zeitansage zeitgerecht Startzeit zeitweise Zeitvorgabe Zeit Zeitvertreib Zwischenzeit Herbstzeitlose Hochzeit Zeitgeist Zeitlosigkeit Ferienzeit Zeitreisender Gezeiten Zeitkarte Zwischenkriegszeit Unzeit Kaiserzeit Brotzeit Halbzeit zeitgerecht zeitgleich Zeitbewußtsein MEZ Teilzeit zeitgemäß Starkbierzeit Goethezeit Reifezeit Bedenkzeit Gründerzeit Barockzeit Erntezeit Tempus Zeitalter Zeitumstände Zeitabzug Zeitströmung zeitversetzt time Kriegszeit Zeitzünder Franzosenzeit Zeiterscheinung Zeitzeichen Zeitverlust zeitweilig Zeitläufe Zeitbegriff Zeitzone Schulzeit Weihnachtszeit ZEIT Zeitproblem Zeitbezug ZEITmagazin Freizeit Zeitmaschine Zeiteinteilung Zeitvorsprung zeitig Zeitschrift zeitigen Zeitgenosse Zeitwort Herrschaftszeiten! Zeitabschnitt tempo Endzeit Unzeitgemäßes Neuzeit Hitlerzeit Arbeitszeit Atomzeitalter Zerfallszeit Laufzeit Zeitmesser Zeitgebrauch Zeitpunkt Tempo! Zeitkarte Zeitknappheit Zeitnot zeitlebens zeitlos zeitraubend Schlußzeiten Zeitmaß Zeitlupe Römerzeit Pflanzzeit Jagdzeit Brunftzeit Jugendzeit Jahreszeit Zwischenzeit Lieferzeit Zeitverhältnis Zeitstrahl Zeitzeuge Nazizeit Zeitgewinn Zeitmangel Adventszeit Weihnachtszeit Osterzeit Strafzeit Vorwärmzeit Zeitfrage Zeitgeschichte Zeitnehmer Freizeit Zeitbombe Uhrzeit Abfahrtszeit Bauzeit Sommerzeit Zeitzeuge Spitzenzeit Times Bestzeit Weltzeituhr Mittagszeit zeitweilig Endzeitphilosophie Erzählzeit Zeitstrahl Adenauerzeit zeitgebunden zeitigen Zeitstrafe Zeitdruck Zeiteinheit Zeitgeschehen Zeitschinder Zeitgerüst Mahlzeit Zeitansage Zeitstruktur Wochenarbeitszeit Notzeiten Eiszeit Kochzeit Dienstzeit Steinzeit Bronzezeit Eisenzeit Zeitkorrektur Reisezeit Fütterzeit Zeitabzug Wartezeit Bundeswehrzeit Regenzeit Trockenzeit Tide Umlaufzeit Tatzeit Zeitrechnung Zeitrichter Zeitrahmen Rekordzeit Zeitabstand zeitbewußt Regierungszeit Amtszeit Zeitmaß Zeitgleichheit Studienzeit Zeitgefühl Zeitfaktor Brutzeit Öffnungszeiten Zeitregelung Krisenzeiten Lebenszeit Folgezeit Ritterzeit Richtzeit Zeitgedicht Zeitspanne Zeitstück Mahlzeit! Nachkriegszeit Hörspielzeit Anlaufzeit Langzeitgedächtnis Reaktionszeit Zeitverzug Zeitraffer Zeitplan Blütezeit Zeitbezug Zeitvergeudung Stoßzeiten Laichzeit Zeittabelle Zeitvergleich Zeitgemälde .... außer der Zeit

---

Anregungen: Der diesem Symbol nachfolgende Text ist nur als Anregung zu verstehen und stellt einen Einstieg in das jeweilige Thema dar, ohne eine bestimmte Richtung zwingend vorzugeben.

Materialien: Die diesem Symbol nachfolgenden Materialien sollen Sie anregen, mit diesen Texten und Abbildungen zu arbeiten und aus ihnen Arbeitsaufgaben zu entwickeln. Viel mehr Spaß macht es natürlich, das Material nach individuellen Interessen zu erweitern.

Literaturhinweise: Die diesem Symbol nachfolgenden Verweise sind jeweils nur eine Auswahl aus einem überaus reichhaltigen Fundus. Die jeweiligen Arbeitsgruppen sollen die Listen selbst ergänzen.

Projekt Zeit

Zeit für die Zeit

*"Die Zeit ist für uns ein Problem,
ein furchtbares Problem."*
(Jorge Luis Borges)

Was ist Zeit?
Darüber haben sich schon Philosophen und andere Hirnakrobaten ihre Köpfe zerbrochen. Aber man muß es ja nicht übertreiben. Laßt also Eure Schädel heil.
Sucht in Lexika, Fachbüchern, literarischen Texten usw. nach Definitionsversuchen!

Versucht aber auch mal eigene Erklärungen und Beschreibungen!

Wo spielt Zeit eine Rolle, wo kommt es auf Zeit an?

Vielleicht hilft eine Collage zum Wortfeld "Zeit" weiter?

*"Was ist Zeit?
Wenn mich niemand danach fragt,
weiß ich es; doch soll ich es erklären, dann weiß ich es nicht."*
(Augustinus)

*"Hat alles seine Zeit
Das Nahe wird weit
Das Warme wird kalt
Der Junge wird alt*

*Das Kalte wird warm
Der Reiche wird arm
Der Narre gescheit
Alles zu seiner Zeit."*
(Johann W. von Goethe)

*"Du selber machst die Zeit;
das Uhrwerk sind die Sinne;
hemmst Du die Unruh' nur,
so ist die Zeit von hinnen."*
(Der cherubinische Wandersmann)

*"Zeit ist,
wie lange wir
warten."*
(Richard Feyman)

"Zeit ist das, was wir haben, wenn wir unsere Uhren wegwerfen."
(Jürgen Aschoff)

Aschoff, J. u.a.:	**Die Zeit.** Dauer und Augenblick. München: Piper-Verlag 1989, S. 133 ff.
Aveni, A.:	**Rhythmen des Lebens.** Stuttgart: Klett-Cotta-Verlag 1991.
Geißler, K.:	**Zeit leben.** Weinheim: Beltz-Verlag 1987.
Honnefeld, G. (Hg.):	**Was also ist Zeit?** Frankfurt/M.: Insel-Verlag 1989.
Liberty, G.:	**Die Zeit.** Nürnberg/Hamburg: Tessloff-Verlag 1982.

Projekt Zeit

Ein Trip in die Urzeit

*"Jetzt sind sie weg, alles was blieb,
sind nur Knochen im Sieb."*
(Brian Mackness)

Phantasie kennt keine Zeit! Also versetzen wir uns doch einfach einmal um ein paar Millionen Jahre (sagen wir 200.000.000) zurück: eine Phantasiereise ins Reich der Dinosaurier.
Wie sahen sie aus, wie lebten sie?
Wie sah die Erde damals aus?
Warum sind die Dinosaurier so plötzlich von der Erdoberfläche verschwunden? (Zu gut gepanzert?!)

Auf geht's zu einer Spurensuche in einem Land vor unserer Zeit! Eine Fahrt ins Senckenberg-Museum in Frankfurt oder eine ähnliche Urwelt-Sammlung (Naturkunde- oder Heimatmuseum) könnte das Vorprogramm abrunden.

In der Dinosaurier-Halle lassen wir uns von den riesigen, kunstvoll nachempfundenen Saurierskeletten beeindrucken.
Im Anschluß daran entwerfen wir unser eigenes Bild und bauen dieses in einem Modell nach, das seinen festen Platz in der Schule erhält. Ein plastisches Abbild längst vergangener Zeit!
Wer Bücher nicht mag, ist vielleicht ein großer Modellbauer und in diesem Teilprojekt genau richtig.
Viele Aktivitäten (auch eine Modellbau-Anleitung) finden sich in dem Dino-Buch von Brian Mackness (s.u.). Das Angebot an Materialien ist sehr vielfältig: Bücher, Bildbände, Filme, Videos, Fernsehserien usw.

NRZ vom 22.09.1993

aus Brian Mackness: Dinos aktiv

Benton, M.: **Dinosaurier von A-Z.** München: ars edition 1990.

Craig, A.: **Die Vorgeschichte.** Tatsachen, Rekorde, Daten, Vergleiche. München: ars edition 1989.

Czerkas, S. und S. A.: **Dinosaurier.** Leben und Untergang der geheimnisvollen Urzeittiere. Augsburg: Natur-Verlag 1991.

Mackness, B.: **Irre Seiten - Dinos aktiv.** Mülheim: Verlag an der Ruhr 1993.

Robertson, B.: **Dinosaurier und andere Urwelttiere zeichnen.** Augsburg: Augustus-Verlag 1991.

Schulzeit

Kinder und Uhren dürfen nicht ständig aufgezogen werden, man muß sie auch gehen lassen.
(Jean Paul)

Wo eine Stunde nur 45 Minuten dauert, muß man sich seine Zeit sehr gut einteilen.
Entweder will die Zeit in drögen Unterrichtsstunden überhaupt nicht umgehen, oder es schellt plötzlich, wenn es gerade Spaß zu machen beginnt. Ob man will oder nicht, jede(r) wird in diesen Zeittakt gepreßt. Und wer sich nicht daran hält, wird "eingetragen": Fehlen oder Zuspätkommen sind mit dem Zeitraster, nach dem unsere Schule funktioniert, nicht vereinbar. Aber vielleicht geht es der Schule auch darum, uns für das Berufsleben Zeitdisziplin einzupauken. ∎

Der Pädagoge Hilbert Meyer sieht in dem schulischen Zeitraster einen großen Hemmschuh für ein selbstbestimmtes Lernen:

"Das eigentliche Problem besteht darin, wie Ruhe und Muße (=griechisch: scholé) für einen von den Schülern mitbestimmten, ihren individuellen Lernrhythmen entgegenkommenden Lehr- und Lernprozeß gefunden und gesichert werden können. Wir sollten uns immer wieder in Erinnerung rufen, daß die gewaltsame Zerstückelung des Schulvormittags in den 45-Minuten-Takt der Schulstunde und die mit ihr einhergehende Aufsplitterung der Unterrichtsinhalte kein Ergebnis pädagogischer Setzung und Reflexion, sondern eine Folge der in unserer Zivilisation üblichen Form der Institutionalisierung des Lehrens und Lernens ist. Die Zerstückelung der Sachbeziehungen innerhalb und zwischen den Fächern und die mit ihr einhergehende teilweise Zerstückelung der Sozialbeziehungen der Schüler kann pädagogisch nicht mehr gerechtfertigt werden. Sie ist vielmehr ein Teil des heimlichen Lehrplans der Schule als Institution.
Dieser Lehrplan lehrt, daß nichts so spannend sein darf, daß es nicht nach 45 Minuten unterbrochen werden könnte. Die in den gängigen didaktischen Modellen und auch in den Prüfungsordnungen der Zweiten Phase gemachte Unterstellung, daß praktisch jeder Lehrstoff in den Schulrhythmus gepackt werden könne, ist auf jeden Fall falsch."
(Hilbert Meyer)

Ferientermine 1993

Land	Winterferien	Ostern	Pfingsten	Sommer	Herbst	Weihnachten
Baden-Württemberg	02.03.-06.03.	05.04.-17.04	01.06.-04.06.	01.07.-14.08.	02.11.-05.11.	23.12.-07.01.
Bayern	-	05.04.-17.04.	01.06.-12.06.	22.07.-06.09.	-	23.12.-08.01.
Berlin	-	27.03.-17.04.	01.06.	24.06.-07.08.	02.10.-09.10.	23.12.-08.01.
Brandenburg	08.02.-22.02.	09.04.-17.04.	29.05.-01.06.	24.06.-07.08.	02.10.-09.10.	23.12.-04.01.
Bremen	01.04.-21.04.	-	-	18.06.-31.07.	23.09.-02.10.	23.12.-08.01.
Hamburg	09.03.-21.03.	08.03.-20.03.	17.05.-22.05.	05.07.-14.08.	11.10.-23.10.	23.12.-04.01.
Hessen	-	05.04.-23.04.	-	26.07.-03.09.	25.10.-29.10.	23.12.-14.01.
Mecklenburg-Vorpommern	17.02.-28.02.	07.04.-14.04.	28.05.-01.08.	01.07.-14.08.	04.10.-09.10.	23.12.-03.01.
Niedersachsen	-	27.03.-17.04.	29.05.-01.06.	18.06.-31.07.	24.09.-02.10.	23.12.-08.01.
Nordrhein-Westfalen	-	29.03.-17.04.	01.06.	08.07.-21.08.	11.10.-16.10.	24.12.-06.01.
Rheinland-Pfalz	-	29.03.-16.04.	01.06.	15.07.-24.08.	18.10.-23.10	23.12.-08.01.
Saarland	-	01.04.-19.04.	-	15.07.-28.08.	25.10.-30.10.	22.12.-05.01.
Sachsen-Anhalt	17.02.-21.02.	06.04.-20.04.	26.05.-01.06.	15.07.-25.08.	18.10.-22.10.	23.12.-04.01.
Sachsen	20.02.-28.02.	08.04.-17.04.	28.05.-01.06.	15.07.-25.08.	18.10.-26.10.	23.12.-04.01.
Schleswig-Holstein	-	05.04.-17.04.	-	02.07.-14.08.	11.10.-23.10.	23.12.-08.01.
Thüringen	10.02.-21.02.	05.04.-17.04.	28.05.-01.06.	29.07.-11.09.	25.10.-30.10.	23.12.-05.01.

"Der 45 Minutentakt bestimmt das Lernen, wie die Stechuhr die Arbeitswelt."
(Chris Römer)

STUNDENPLAN

ZEIT	MONTAG	DIENSTAG	MITTWOCH	DONNERSTAG	FREITAG	SAMSTAG
8^{00} - 8^{45}						
8^{50} - 9^{35}						
9^{55} - 10^{40}						
10^{45} - 11^{30}						
11^{45} - 12^{30}						
12^{35} - 13^{20}						

NACHMITTAG

15^{00} - 15^{45}						
15^{45} - 16^{30}						

Projekt Zeit

Schulzeit

(Fortsetzung)

"Selbstbestimmtes Lernen" - wie könnte das aussehen?

Jeder hat unterschiedliche Lerngeschwindigkeiten. "Hätte ich damals ein bißchen mehr Zeit gehabt, hätte ich's schon eher kapiert!" Wie sieht Euer Stundenplan tatsächlich aus, und wie wäre die Zeiteinteilung in den einzelnen Fächern und Kursen Deiner Lerngeschwindigkeit angemessen? Vergleicht doch Eure individuellen Stundenpläne einmal miteinander. Vielleicht läßt sich ein idealer Plan für alle zusammenstellen.

Wie unterscheidet sich dieser vom tatsächlichen? Ob's im Winter noch dunkel, im Sommer schon viel zu warm ist, darauf nehmen Stundenpläne kaum Rücksicht. "Vielleicht bin ich ein Morgenmuffel ... aber wer fragt schon danach."
In einem Heft der Zeitschrift "Unterricht Biologie" (s.u.) findet sich ein "Fragebogen zur Bestimmung des Morgen- und Abendtyps". Ein Vergleich der Antworten bringt sicher erstaunliche Ergebnisse. Oder vergleicht doch einmal Eure persönliche Alltags-Zeitaufteilung, am besten in Form einer "Zeittorte". ∎

"Sir, für die Antwort brauche ich etwas Zeit!" Der Unterlehrer war etwas irritiert. Es gab Schülerverbrechen, die selbst ihm keine Freude machten. Mehr Zeit zu verlangen, das war keine Zucht mehr.
(Sten Nadolny)

Doch nicht nur die Zeitabläufe innerhalb der Schule selbst sind ohne Rücksicht auf den einzelnen reglementiert. Die Schule ist, wie Karlheinz Geißler ausführt, nur ein Beispiel solcher Reglementierung:

Zeit wird nicht an konkreten Erlebnisinhalten bzw. anschaulichen Erfahrungen festgemacht, sondern weitgehend als von Ereignissen losgelöst verstanden. Auf den Erziehungsbereich bezogen: Die Schule beginnt situationsunabhängig um 8.00 Uhr und nicht z.B. wenn es hell wird oder wenn alle Schüler da sind, wie dies noch in ähnlicher Form vom Kirchgang in Südtirol aus dem letzten Jahrhundert berichtet wird, wo das sonntägliche Glockenläuten zum Gottesdienst erst dann einsetzte, wenn der am weitesten entfernt wohnende Bauer auf dem Hügel vor der Kirche gesehen werden konnte. Zeit wird von der jeweils konkreten Situation abhängig gemacht, und das heißt auch: unabhängig vom Subjekt und dessen jeweils spezieller Situation. Die Uhr, nicht die Natur bestimmt die Zeit.
(Karlheinz Geißler)

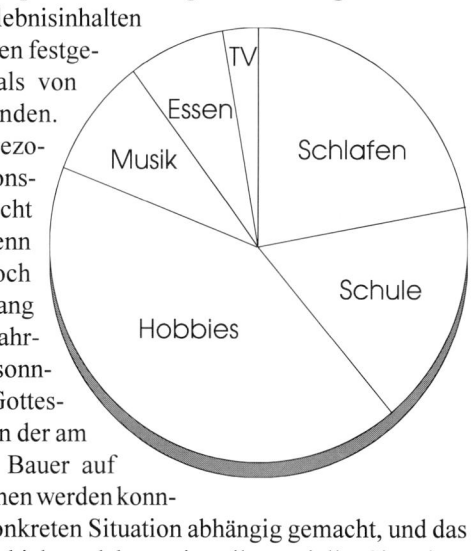

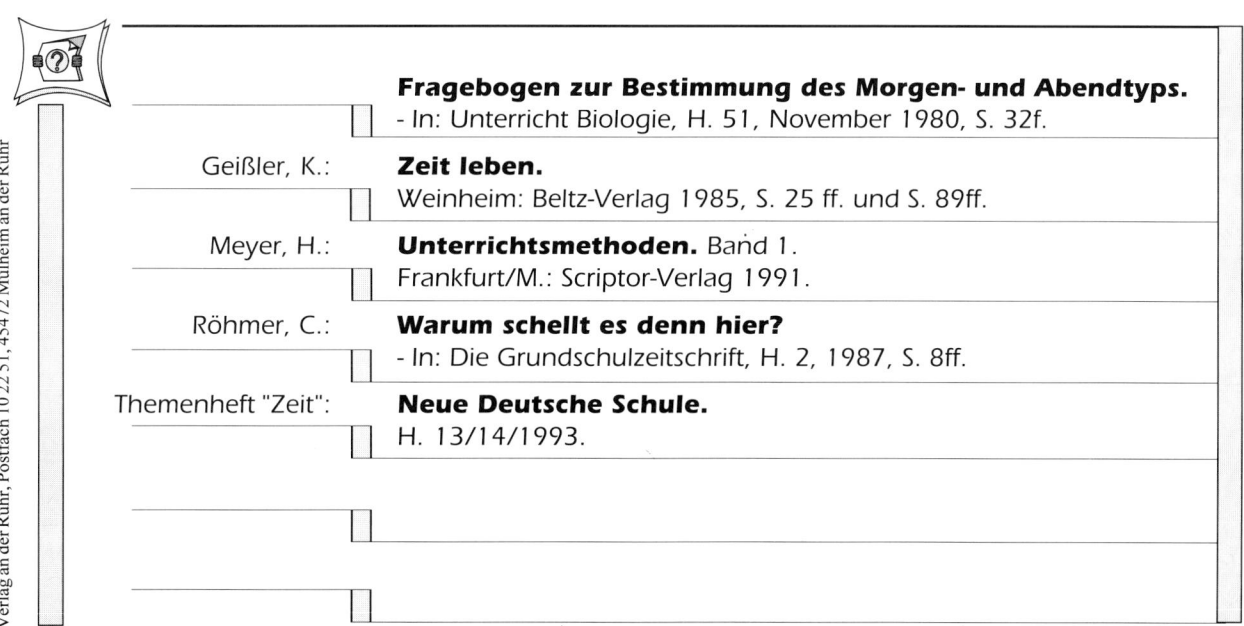

Fragebogen zur Bestimmung des Morgen- und Abendtyps.
- In: Unterricht Biologie, H. 51, November 1980, S. 32f.

Geißler, K.: **Zeit leben.**
Weinheim: Beltz-Verlag 1985, S. 25 ff. und S. 89ff.

Meyer, H.: **Unterrichtsmethoden.** Band 1.
Frankfurt/M.: Scriptor-Verlag 1991.

Röhmer, C.: **Warum schellt es denn hier?**
- In: Die Grundschulzeitschrift, H. 2, 1987, S. 8ff.

Themenheft "Zeit": **Neue Deutsche Schule.**
H. 13/14/1993.

Zeit zum Schmunzeln

"Lachen hält jung."
(Altes Sprichwort)

"Mensch, Raum und Zeit - eine ewige Herausforderung!" Wer über sich und sein Projektoberthema nicht herzhaft lachen kann, der sollte sich dieses Zitat mit seinem Pathos noch einmal vergegenwärtigen. Eine distanzierte Auseinandersetzung mit dem Stoff kann nicht schaden. Die Satire wird hier zur eigenständigen Form, doch kommt sie auch in den anderen Teilprojekten vor. So können die in diesem Teilprojekt Arbeitenden ständig auch den anderen Projekten zuarbeiten oder sich dort Anregungen holen.

Humoristische Sprüche, Texte, Lieder, Bilder werden zusammengetragen; sie alle befassen sich irgendwie mit "Zeit".

In einem zweiten Schritt beginnt dann die eigene Text- und Bildproduktion, die fester Bestandteil der Projektzeitung (siehe auch Teilprojekt "Projekt-Zeitung" S. 79) ist oder - sinnvoll aufgeteilt - ihr die Würze gibt. Auch der Zeit kommt zuweilen nur die Satire bei. ∎

Zeitung:	
Zeitung:	
Zeitschrift:	
Zeitschrift:	
Illustrierte:	
Illustrierte:	

Projekt Zeit

Die Zeit in aller Munde

*"Sprache ist das Bild
und der Spiegel der Gedanken."*
(Mark Hopkins)

Wörter, Wendungen und Sprüche zur "Zeit" sind so unendlich wie die Zeit selbst. Wer Vollständigkeit und Perfektion anstrebt, ist in diesem Teilprojekt bestimmt falsch! Fruchtbar wird die Arbeit der Sprüchologen vor allem dann, wenn verschiedene Kulturen und Sprachen Beachtung finden. Schaut mal im Stichwortverzeichnis Eurer Stadtbücherei unter "Sprichwörter" nach. Ihr werdet staunen!
Der unumgänglichen Sammelarbeit (Wie kann man ihr die Trockenheit nehmen?) folgt die Darbietung der Ergebnisse. Eine im "Jargon der Eigentlichkeit" vorgetragene Ansprache, bestehend aus Sprüchen und Floskeln zur Zeit, könnte zum Höhepunkt werden. Auch in Comic-Blasen machen sich Zeit-Sprüche ausgesprochen gut. Die Ernsthaftigkeit des Projekts ist in obigem Motto von Mark Hopkins konzentriert. Auch Sprüche sind Wegmarken der Kultur- und Gesellschaftsentwicklung.
In der Projektzeitung (S. 79) werden die Ergebnisse der Sprücheforscher - wie auch die der übrigen Teilprojekte - veröffentlicht. Sie dokumentieren die Bedeutung der Zeit für den Menschen und klären unsere Verhältnis zu ihr. Eine Zusammenarbeit mit den Teilprojekten "Werbezeit" (S. 18) und "Zeit zum Schmunzeln" (S. 9) bietet sich an. ∎

"Die Zeit totschlagen."

"Zeit gewinnen, vegeuden, sparen, nutzen, schinden ..."

"Gute Zeiten, schöne Zeiten, schlechte Zeiten, heiße Zeiten, schwere Zeiten ..."

"Jedes Ding hat seine Zeit."

"Dem Glücklichen schlägt keine Stunde."

"Das ist doch Schnee vom vergangenen Jahr."

"Nichts ist älter als die Zeitung von gestern."

"Zeit heilt alle Wunden."

"Morgen, morgen, nur nicht heute, sagen alle faulen Leute."

"Was du heute kannst besorgen, das verschiebe nicht auf morgen."

"Zeit ist Geld."

"Die Zeit rinnt mir durch die Finger."

"Wenn die Menschen nicht nach den Uhren gehen, so fangen endlich die Uhren an, nach den Menschen zu gehen."

"Haben Sie mal 5 Minuten Zeit für mich?"

"Mir meine Zeit stehlen."

"Zeit gewinnen."

"Zeit schinden."

"Nimm Dir Zeit und nicht das Leben."

"Die Zeit, die alles verschlingt, verschlingt zuletzt sich selbst."

"Die Eile hat der Teufel erfunden."

"Zeit macht nur vor dem Teufel halt."

"Nur der Teufel weiß, daß er keine Zeit hat."

"Denke immer daran, daß es nur eine Zeit gibt, nämlich: sofort!"

"Kommt Zeit, kommt Rat."

Büchmann, G.:	**Geflügelte Worte.** Der klassische Zitatenschatz. Berlin: Ullstein-Verlag 1986.
Gerr, E.:	**Viertausend Sprichwörter und Zitate.** München: Humboldt-Verlag o. J.
Röhrich, L.:	**Das gr. Lexikon der sprichwörtlichen Redensarten in 3 Bänden.** Freiburg: Herder-Verlag 1991.
Schaufelbüel, A.:	**Treffende Redensarten, viersprachig.** Thun/CH: OH-Verlag 1991.
Wander, K.F.:	**Deutsches Sprichwörter-Lexikon in 5 Bänden.** Nachdruck der Ausgabe von 1867. Essen: Phaidon-Verlag 1987.

Projekt Zeit

Die Zeit heilt alle Wunden!?

"Ersichtlich versteht man die Zeit nur, wenn man sie in ihrer Geschichte versteht."
(Günter Dux)

Die Zeit in der Geschichte:
Ein Projekt für Spezialisten!
Das ist gar nicht machbar!

Wirklich nicht?
(Alternativ setzen wir eine Stufe tiefer an: "Periodisierung" und "Epoche" stehen dann im Mittelpunkt der Überlegung und Darstellung.)

Zum Beispiel ... Verdun! Die Beschäftigung mit einem besonderen Ereignis des Ersten, Zweiten oder eines anderen (Welt-)Krieges steht unter historischen, geographischen und verhaltensbiologischen Gesichtspunkten.

Die Besichtigung eines Schauplatzes sollte sich von dem üblichen Touristikprogramm unterscheiden und durch Filme, Dias und Referate intensiv vorbereitet werden.
Die Unternehmung mit Seminarcharakter folgt dem Gedanken, daß nur der, der die Ereignisse der Vergangenheit wirklich "begreift", verhindern helfen kann, daß sich die Geschichte in unseliger Weise wiederholt.
Auf die journalistische Umsetzung der Kenntnisse und der Erfahrungen sollte Wert gelegt werden. Die Sprache der Berichterstattung offenbart in besonderem Maße bestimmte Haltungen und dient der Rückmeldung. ∎

 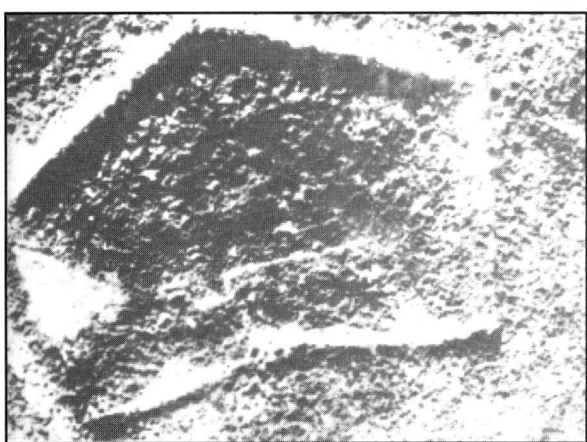

Luftaufnahmen des zu Festung Verdun gehörenden Forts Douaumont vor dem Angriff 1916 und Ende 1917.

*"Glaubt nicht,
ihr hättet Millionen Feinde.
Euer einziger Feind heißt Krieg!"*
(Erich Kästner)

François Mitterand und Helmut Kohl in Verdun

Projekt Zeit

Die Zeit heilt alle Wunden!?
(Fortsetzung)

Die Vernichtung des Warschauer Ghettos durch Hitlers SS im April und Mai 1943 bedeutete den Abtransport der überlebenden Bevölkerung in die Gaskammern von Treblinka.

Warschau 1970: Willy Brandt vor dem Ghetto-Denkmal

Benz, W.:	**Pazifismus in Deutschland.** Dokumente zur Friedensbewegung in Deutschland 1890-1939. Frankfurt: Fischer-Verlag 1989.
Michalka, W.:	**Der zweite Weltkrieg.** München: Piper-Verlag 1989.
Mommsen, W. J.:	**Das Zeitalter des Imperialismus.** (Fischer Weltgeschichte Bd. 28). Frankfurt/M.: Fischer-Verlag 1969.
Sahl, H.:	**Kreuz und Quer durch die Geschichte.** Band 2. Mülheim: Verlag an der Ruhr 1988.
Vespignani, R.:	**Faschismus.** Berlin: Elefanten-Press 1976.

Projekt Zeit

Zeit-Zeichen

*"Feste muß man feiern,
wie sie fallen."*
(Sprichwort)

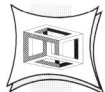

Anlässe gibt's immer: Geburtstag, Hochzeitstag, Todestag, Dienstjubiläum, Gedenktag. Wir haben, feiern, erinnern, begehen diese besonderen Tage und setzen Zeichen: Zeitzeichen.

Wer glaubt, daß jeder weiß, warum, wie und wozu man diese Tage "feiert" oder gar "begeht" (!), irrt gewaltig. Das zeigt schon die Flut von Ratgebern, die zu ihrer "Bewältigung" in die Hand gegeben werden. Mit ihnen kann das Projekt beginnen.

Die persönlichen Erfahrungen werden mit den Mustern verglichen, und die eigene Rolle beim Feiern wird reflektiert. Sollen wir uns weiterhin der Konvention anschließen (oder revoltieren wir gar schon)? Besteht eine Lösung darin, daß wir am "Tag der Arbeit" ins Grüne fahren? Oder Christi Himmelfahrt "Vatertag" nennen und entsprechend mit dem Lieblingsgetränk vieler Väter "begießen"?
Überhaupt: "Zum Wohl" oder "Auf Dein Wohl!" - muß Alkohol bei allen diesen Anlässen dabei sein? Fragen über Fragen.

Ein Schwerpunkt der Untersuchung (Archivarbeit bei Zeitungen!) könnte der "Heldengedenktag" oder "Volkstrauertag" sein. Leisten wir an diesen Tagen Trauerarbeit? Meinungsstreit ist angesagt. Am Ende (oder auch schon zwischendrin) steht wiederum die Beschäftigung mit Alternativen. Symbolische Handlungen, ob mündlich, schriftlich, zeichnerisch oder wie immer, sind neben der Warenproduktion ein fester Bestandteil der Reproduktion des Menschen. Es geht ja auch anders als ...

Vergleiche damit:
- Reden von Offiziellen (Oberbürgermeister, Militärpfarrer u.a.),
- Berichterstattung in der Lokalpresse (Archivarbeit),
- Reden und Essays von Intellektuellen (z.b. H. Böll).

Die Beweglichen Feste von 1992-2002

Jahr	Osterfest	Christi Himmelfahrt	Pfingstfest	Fronleichnam
1992	19. April	28. Mai	7. Juni	18. Juni
1993	11. April	20. Mai	30. Mai	10. Juni
1994	3. April	12. Mai	22. Mai	2. Juni
1995	16. April	25. Mai	4. Juni	15. Juni
1996	7. April	16. Mai	26. Mai	6. Juni
1997	30. März	8. Mai	18. Mai	29. Mai
1998	12. April	21. Mai	31. Mai	11. Juni
1999	4. April	13. Mai	23. Mai	3. Juni
2000	23. April	1. Juni	11. Juni	22. Juni
2001	15. April	24. Mai	3. Juni	14. Juni
2002	31. März	9. Mai	19. Mai	30. Mai

Festtage des jüdischen Kalenders

Jahr 5753
- Purim 07.03.1993
- Pessachfest 06.04.1993 + 12.04.1993
- Unabhängigk. 26.04.1993
- Wochenfest 26.05.1993

Jahr 5754
- Neujahr 16 + 17.09.1993
- Versöhnungsfest 25.09.1993
- Laubhüttenfest 30.09.1993
- Gesetzesfreude 07.10.1993
- Weihefest 09.12.1993

Projekt Zeit

Zeit-Zeichen
(Fortsetzung)

 "Wir Deutschen feiern gern, vielleicht mehr als irgend ein anderes Volk, gewisse Tage, die eine Zeit-Maß-Beziehung haben auf uns teure Personen oder Begebenheiten, wie Geburtstage, Jubiläen und dergleichen. Der Meßkünstler, in dessen Augen Verschwommenheit und Willkürlichkeit im Gegensatz zu Schärfe und Festigkeit immer etwas abstoßendes haben, findet einen kleinen Übelstand darin, daß der Grund, warum eben dieser Tag und nicht ein anderer zur Begehung der Feier bestimmt wird, mehr oder weniger von Willkürlichkeiten abhängt: von der Einrichtung unseres Kalenders, der Verteilung der Schuljahre, von dem Bestehen des Dezimalsystems ..."
(Der Mathematiker Carl Friedrich Gauss an Alexander von Humboldt; 7.12.1853)

Feiertage international

Monat	Tag	Feiertag	Australien	Belgien	Brasilien	Dänemark	Deutschland	Frankreich	Großbritannien	Italien	Kanada	Luxemburg	Niederlande	Österreich	Schweiz	Spanien	USA
01	1	Neujahr	●	●	●	●	●	●	●	●	●	●	●	●	●	●	●
	6	Heilige 3 Könige			●		●			●				●		●	
03	28	Karfreitag	●		●	●	●		●		●			●	●		
	30	Osterfest	●	●	●	●	●	●	●	●	●	●	●	●	●	●	●
	31	Ostermontag	●	●		●	●	●	●	●		●	●	●	●		
05	1	Tag der Arbeit		●	●		●	●		●		●		●	●	●	
	8	Christi Himmelfahrt		●		●	●	●				●	●	●	●		
	18	Pfingstfest		●		●	●	●		●		●	●	●	●		
	19	Pfingstmontag		●		●	●	●	●	●		●	●	●	●		
	29	Fronleichnam					●							●			
08	15	Maria Himmelfahrt		●				●		●		●		●		●	
11	1	Allerheiligen		●	●			●		●		●		●		●	
	19	Buß- und Bettag					●										
12	8	Maria Empfängnis			●					●	●			●	●	●	
	25	Weihnachten	●	●	●	●	●	●	●	●	●	●	●	●	●	●	●
	26	2. Weihnachtstag	●			●			●	●		●	●	●	●		

Zeit-Zeichen

(Fortsetzung)

 "Inflation der besonderen Tage"

45. Woche – November 1991

4 Mo	
5 Di	"Kabale und Liebe" in PS Bus 18.00
6 Mi	
7 Do	Laterne basteln! 10.11
8 Fr	
9 Sa	Party bei Klausners HAUS!
10 So	Martinsumzug! ab 18.00 Heilig Kreuz

46. Woche – November 1991

11 Mo – Martinstag	Namenstag 20.00 Martin Henke "Zum Bären"
12 Di	
13 Mi	Rede v. Heinrich Böll: Heldengedenktag (1957) kopieren Fr dtv 617, S. 195 ff So
14 Do	Geschenk f. Rolf besorgen
15 Fr	Vortrag über "Helden" Ev. Gemeindehaus / 19.30
16 Sa	Geburtstag Rolf
17 So – Volkstrauertag	Gottesdienst 10.00 Feier a. Friedhof 15.00

47. Woche – November 1991

18 Mo	
19 Di	Todestag Onkel Herbert Tante Emmi besuchen
20 Mi – Buß- und Bettag	!
21 Do	
22 Fr	
23 Sa	Blumen besorgen!
24 So – Totensonntag	Eltern!

48. Woche – November 1991

25 Mo	Jubiläum Hiller vorber.
26 Di	
27 Mi	25 Dienstjahre / Jubiläum Dr. Hiller 11.00 Umtrunk LZ
28 Do	
29 Fr	Adventskranz besorgen!
30 Sa	**FREI!**
1 So – 1. Advent	

Projekt Zeit

Zeit-Zeichen

(Fortsetzung)

 ## Eine Gedenkrede
Adolf Tegtmeiers Rede zum Jahrestag der Kriegsbeendigung

Meine liebe Arbeitskolleginnen und -kollegen!

Augenblick, sagt den Ober mal, der soll jetzt kein Bier mehr servieren! Schluß! Aus! Nix mehr! So ein Kokolores - is doch jetzt Festansprache!

Meine liebe Arbeitskolleginnen und -kollegen!

Wenn wir heute, am Jubiläumstage des unseligen Kriegsausganges, einmal zurückblicken auf die Zeit, die hinter uns liegt, dann möchte ich es mit dem Dichterworte - - ...äh... also den Dichterworte möchte ich ... es anknüpfen: "Immer vorwärts - nie zurück - in die Zukunft geht der Blick!"
Aber wenn ich trotzdem einmal - ausnahmsweise! - unsere Blicke zurückwerfe auf die Jahre, die hinter uns liegen, dann erkennen wir wenigstens, daß (mit erhöhter Stimme) es ja schließlich der arbeitende Mensch gewesen ist, der das Vaterland nach die unsägliche ... äh... Sachen da - - also, der (noch lauter) aus die Ruinen das Vaterland erst wieder... auf die Beine gestellt hat!

Das sollen die Herrschaften oben doch einsehen (sehr entschlossen) und sollense uns den gerechten Marktanteil ... woll'n mal sagen dies Sozialprodukt, das sollense endlich da mal rausrücken! Wird aber Zeit!

Sicher, vieles ist erreicht worden in die ganzen Jahre - is klar, und da sagt ja auch kein Mensch wat gegen. Aber vieles muß auch noch erreicht werden!! Denn vieles ist doch versäumt von die Herrschaften! Ich denke nur an die viele Gebiete, wo nämlich noch viel mehr erreicht werden mußte!!!

Seht mal, wir bezeichnen uns heute so gerne als der "Wohlstand" - aber Junge, Junge, wenn man mal dahinterkuckt, da is doch nicht alles Gold, wat glänzt! In der heutigen Konsumgesellschaft, natürlich kann sich da jeder Fernsehtruhe und Kühlschrank leisten, oder daß einer dick Butter auf'm Brot und'n Gefrierhuhn im Pott hat. Aber das ist ja grade die Gefahr, Kolleginnen und Kollegen, wenn nicht auch die geistige Genüsse ... oder nä - geistige Sachen, wenn das nicht alles schön mit bei ist! Fragt mal den Paul, der hat doch als Arbeitsdirektor zwei Jahre schon seinen feinen Posten. Aber was meint Ihr, wie der sauer ist, müßt mal hören, wie der heute stöhnt. Die Tage sagt er zu mir: "Wär ich den Posten nur erst los - auf dat Moos wollt'ich doch liebend verzichten!" Sicher, als Arbeitsdirektor sitzt er in'n Aufsichtsrat, is er paritätisch, und hat er sein Anrecht! Und wennse abstimmen, is klar, könnense gar nicht ohne ihm, also daß er immer schön sein'n Senf beitun muß, der Paul.

Aber er sagt, das Schlimme wären ja die tragische Sachen im Hintergrund, das is ja, was ein'n Mensch ruiniert. Immer die viele "Kalte Büffets", wo der Paul sowieso nix verträgt, mit sein'n Magen. Oder diese Prominentenjagden, und er kann doch nicht schießen, und will das die Tiere auch gar nicht antun. Aber - er muß mit bei sein und läuft noch Gefahr, daß sie ihn mit so ne Wildsau verwechseln, und daß er schön eins auf'm Pelz gebrannt kriegt. Sagt er, das wär dann nach so viele Jahre Wiederaufbau aber ein schönes Sozialprodukt!

Oder kuckt mich an, Kollegen! Ich hab Posten angeboten gekriegt in die Jahre - noch und noch! Aber (sehr laut) ich habe die Sache abgelehnt!!! Und dann sind die Herrschaften gekommen und haben gefragt: "Ja, was ist denn los? Sind Sie denn nicht zufrieden? Sie haben doch Ihr'n Wohlstand, Fünf-Tage-Woche, 13. Monatsgehalt. Und fahren ein'n schicken Wagen, haben verlängerten Urlaub, alles!"

Wißt Ihr, was ich denen gesagt hab? Ich hab gesagt: Ja - und??? Ich sag: Aber was kommt dann??!!

Und - mein lieber Scholli - da hättet Ihr mal die Gesichter sehen müssen! Die haben vielleicht dumm gekuckt! Da war doch mal einer, endlich, der sie die Wahrheit gesagt hat! Glaubt mir, Kollegen, wir müssen wachsam sein und zusammenstehen - grade heute in der pluralistischen Gesellschaft! - denn sie wollen doch schon wieder ... nicht wahr? ... das sieht man doch überall, wo der Hase herläuft!

Aber, nä - ich laß mir nicht durch'n Eisschrank oder 'n dicken Wagen den klaren Blick verstopfen, da muß aber einer kommen, der sich die Hose mit der Kneifzange zumacht! Achtet mal auch auf die Gefahren, die jetzt am Horizonte zusammenballen ... diese Automation, die da auf uns losmarschiert! Is klar, ich denke jetzt nicht an Zigarettenautomat oder Musikbox, das sind wunderbare Errungenschaften, die den Mensch sogar ganz schön erleichtern. Nein! - aber wenn man die Kollegen zu Roboter machen will - daß einer nach Haus kommt und mit alle Glieder zuckt, daß die Familie ihn kaum wiedererkennt... Oder wenn altgestammte Arbeitsplätze durch die Automaten da am Wackeln fangen! Kollegen, dann heißt es: "Zusammenstehn!" - denn wenn wir einig sind, werden die Herren es eines Tages einsehen, und wird das Sozialpaket noch so selbstverständlich sein wie heute 'ne Fahrt zum Mond! Ehrlich!!

Nun, meine Lieben, ...

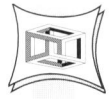

**Wie geht's wohl weiter?
Wie könnte man fortfahren?
Schreibt den Text (in Eurer Mundart) weiter!** ■

Zeit-Zeichen

(Fortsetzung)

"Verhöhnung der Gräber am Kriegsdenkmal"
Volkstrauertag abschaffen und Deserteure ehren

Alljährlich im November wird der Volkstrauertag als Ritual inszeniert: Bundespräsident, Bundestag, Bundeswehr, Kommunen und der Volksbund Deutsche Kriegsgräberfürsorge (VDK) "gedenken der Opfer von Krieg und Gewalt" und verkünden voller Pathos vor "Ehrenmalen" (sprich Kriegerdenkmälern) die "Versöhnung über den Gräbern".

Aufmärsche lokaler Schützenvereine, schwungvolle Reden der Honoratioren, das obligatorische Ständchen des Männergesangvereins und festliches Fahnenhissen prägen vielerorts, insbesondere in den kleineren Städten und Gemeinden diesen Ge"denk"tag. Da diese öffentlich inszenierte Trauer verordnet ist und wie schon in der Vergangenheit der mißbräuchlichen Funktionalisierung der Toten dient, wird der Widerspruch hiergegen immer lauter. Denn am Volkstrauertag werden die Toten über einen Kamm geschert, unabhängig davon, ob sie von SS-Schergen ermordet oder als Nazi-Soldaten während des Überfalls auf andere Länder getötet wurden.

Trauer gegen Kritik des Soldatentums

Bundesdeutsche (Kommunal-) Politiker fordern von den Opfern bzw. deren Angehörigen "Versöhnung" und sind beleidigt, wenn die ihnen diese nicht gewähren können oder wollen. Die eingeforderte "Versöhnung" über den Gräbern" zeigt, daß diese Version der "Versöhnung" und die vielstrapazierte "Erinnerung" nichts anderes als das Vergessen zur Voraussetzung und Folge hat. "Über den Gräbern" werden alle Unterschiede eingeebnet.

Desertion statt Gehorsam ehren

Statt die "tapfere Pflichterfüllung" der Soldaten in einem verbrecherischen Krieg zu würdigen, ist es an der Zeit, mit den Deserteuren einen Personenkreis zu ehren, der auch heute noch als "asozialer Abschaum" betrachtet wird und von jeglicher Wiedergutmachung ausgeschlossen ist. Angesichts des vielfältigen Mißbrauchs dieses "Feiertages" treten wir dafür ein, daß er in Marbach von städtischer Seite nicht mehr begangen wird. Stattdessen (und nicht zuletzt als Beitrag gegen den wieder aufkommenden Neo-Nazismus) soll zukünftig der Antikriegstag am 1. September im Mittelpunkt der Erinnerung an die Weltkriege stehen und an einem künftigen Deserteurs- und Widerstandskämpfer-Denkmal begangen werden.

aus Alternative Kommunalpolitik - AKP 2/1990

Bludau, F.:	**Trauerbriefe und Trauerreden.** Düsseldorf: Econ-Verlag 1986.	
Böll, H.:	**Heldengedenktage.** München: dtv 1975.	
Mayerhöfer, C.:	**Reden zu Geburtstag und Taufe.** Düsseldorf: Econ-Verlag 1986.	
Ohrendorf, M.:	**Das Hochzeitsbuch.** Vom Aufgebot zum Nachtisch. Düsseldorf: Econ-Verlag 1991.	
Wolthens, C.:	**Dichten und Reimen für jeden Anlaß.** München: Humboldt-Verlag o.J.	

Werbezeit

"Die Uhr für eine kleine Ewigkeit"
(Iseco-Werbung)

Daß eine Industriegesellschaft "keine Zeit hat", schlägt sich in der Werbung nieder, die die Wirtschaft "schmiert".
Es verwundert nicht, daß besonders in der UHREN-Werbung die Zeit eine Rolle spielt. Warum aber vermehrt für Uhren geworben wird, darf schon kritisch befragt werden.
In der ersten Phase des Projekts werden Werbeanzeigen gesichtet und analysiert.

"STERN", "SPIEGEL" und "ZEITMagazin" stellen wahre Fundgruben für Zeit-Werbung dar.
Wie taucht das Thema Zeit/Zeitlichkeit in diesen Werbebeispielen auf?
In der zweiten Phase werden eigene Werbeanzeigen produziert; die Karikatur sollte dabei nicht zu kurz kommen, schließlich wollen wir nicht dem "Zeitgeist" auf den Leim gehen. Siehe auch das Teilprojekt "Zeit zum Schmunzeln" (S. 9).

"Denke immer daran, daß es nur eine allerwichtigste Zeit gibt, nämlich: sofort!"
(HENKEL TROCKEN zitiert Leo Tolstoi)

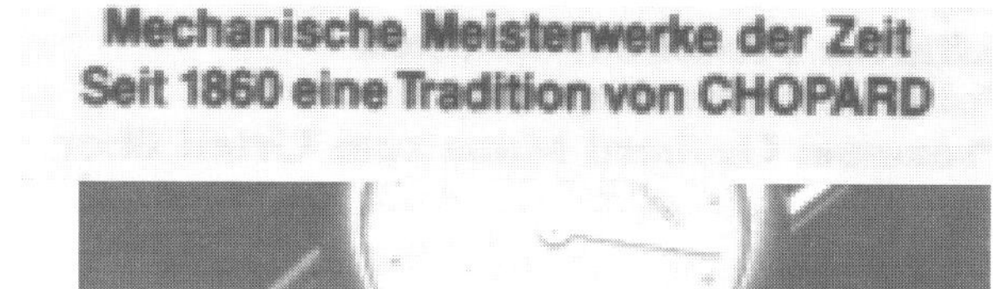

Mechanische Meisterwerke der Zeit
Seit 1860 eine Tradition von CHOPARD

EINES DER GROSSEN DESIGNS DIESES JAHRHUNDERTS.
UND SICHER AUCH DES NÄCHSTEN.

Die zeitlose Uhr.

GLENFIDDICH IST
DIE ZEIT
DIE IHNEN GEHÖRT.

REVERSO.
AVANTGARDE SEIT 1931.

Seit ISECO gehen die Uhren anders.

die architekten der zeit

Projekt Zeit

Werbezeit

(Fortsetzung)

HENKELL TROCKEN

Neues von den Uhren mit der revolutionären 20-Jahres-Energie.

ISECO-Collection 92/93

BREITLING 1884

PATEK PHILIPPE GENEVE

Seit 160 Jahren haben wir keine Sekunde verloren.

Projekt Zeit

Werbezeit

(Fortsetzung)

Ein neues Zeitalter hat begonnen.

"KOMMANDIRSKIE" СДЕЛАНО в СССР
Original russische Offiziersuhr mit Stahlarmband, die von den Führungskräften des Militärs der UdSSR getragen wurde.

Markant – schwer, mit mechanischem Uhrwerk nach schweizer Vorbild – Datumsanzeige – Taucherring

Eine echte Rarität!
3 Motive sind vorrätig:
- ☆ U Boot
- ☆ Panzer
- ☆ Fallschirm

Preis je Modell: 95,– DM
Als Set 270,– DM
(Scheck, bar oder NN + 5,– Geb.)

Die Zeit erhält Flügel.

GÉOGRAPHIQUE. EINE REISE UM DIE WELT IN 24 STUNDEN.

Mal Zeit?

Mitten in Essen-Rüttenscheid liegt ein kulinarischer Leckerbissen: die Schote, das Restaurant mit Bistro-Flair.

Mahlzeit!

Viele Grüße aus der **SCHOTE**

Lehmann, J.
Glaser, H.: **Werbung, Warenästhetik, Trivialmythen.**
Bamberg: C.C. Buchners-Verlag 1973.

Werbetexte/Texte zur Werbung.
Stuttgart: Reclam-Verlag o.J.

Zeitschrift:

Zeitschrift:

Projekt Zeit

Zeit für Musik

"As time goes by"
(Songtitel)

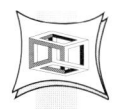

Die Zeit im Schlager:
Triviale Texte können nach Meinung vieler Soziologen viel über eine Gesellschaft aussagen, im speziellen Fall über das Zeit-Verhältnis dieser Gesellschaft und seine Grundlagen:

> "Die Zeit lief uns voraus,
> und wir tanzen hinterher."
> (Gitte)

Ein Bild ohne Sinn? Zumindest will man damit unterhalten. Das Schlager-Projekt wird mit dem Sprüche- und dem Literaturprojekt (S. 10 u. 23) zusammenarbeiten, darüber entscheidet die Runde der TeilnehmerInnen und LeiterInnen. Durchstöbert mal Eure Platten-, CD- oder MC-Sammlungen: Ihr werdet staunen, in was für eine Fundgrube Ihr da geraten seid. Natürlich dürfen - ein wenig Talent vorausgesetzt - auch eigene Texte und Musikstücke zum Thema "Zeit" komponiert werden. ■

"Irgendwie, irgendwo, irgendwann"
(Nena)

Denn ich stürz' durch Raum und Zeit
Richtung Unendlickeit,
fliegen Motten in das Licht genau wie du und ich.

Irgendwie fängt igendwann, igendwo
die Zukunft an,
ich warte nicht mehr lang. Liebe wird aus Mut gemacht,
denk' nicht lange nach, wir fahr'n auf Feuerrädern
Richtung Zukunft durch die Nacht.

Gib' mir die Hand, ich bau dir ein Schloß aus Sand
irgendwie, irgendwo, irgendwann.
Die Zeit ist reif für ein bißchen Zärtlichkeit
irgendwie, irgendwo, irgendwann.

Im Sturz durch Raum und Zeit erwacht aus einem Traum,
nur ein kurzer Augenblick, dann kehrt die Nacht zurück.
Irgendwie fängt irgendwann, irgendwo die Zukunft an,...
Gib' mir die Hand, ich bau dir ein Schloß aus Sand...
Gib' mir die Hand, ich bau dir ein Schloß aus Sand...
Irgendwie, irgendwo, irgendwann.
Irgendwie, irgendwo, irgendwann.

"Zeit macht nur vor dem Teufel halt"
(Barry Ryan)

Die Zeit, die trennt nicht nur für immer Tanz und Tänzer. Die Zeit, die trennt auch jeden Sänger und sein Lied, denn die Zeit ist das, was bald geschieht.

Die Zeit, die trennt nicht nur für immer Traum und Träumer. Die Zeit, die trennt auch jeden Dichter und sein Wort, denn die Zeit läuft vor sich selber fort.

Zeit macht nur vor dem Teufel halt,
denn er wird niemals alt, die Hölle wird nicht kalt.
Zeit macht nur vor dem Teufel halt, heute ist schon beinahe morgen.

Die Zeit, die trennt nicht nur für immer Sohn und Vater. Die Zeit, die trennt auch eines Tages dich und mich, denn die Zeit, die zieht den längsten Strich.

Zeit macht nur vor dem Teufel halt, denn er wird niemals alt, die Hölle wird nicht kalt. Zeit macht nur vor dem Teufel halt, heute ist schon beinah' morgen. Die Zeit, alle Zeit, Ewigkeit.

Noch mehr Titel:

"Sign 'O' the times" (Prince)
"The times they are a' changin" (Bob Dylan)
"Time is on my side" (Mick Jagger)
"Zeit" (Tangerine Dream)

Projekt Zeit

Zeit für Musik

(Fortsetzung)

Wenn wir selbst Musik machen, merken wir schnell, was Klänge mit Zeit zu tun haben. Vergleiche auch Begriffe wie Rhythmus, Intervall, Metrik, Kanon etc.

Dies ist trotz Computer und Synthesizer kein technisches Projekt - also keine Angst, wenn jemand noch nie mit Musikelektronik zu tun hatte.

Ein Musikstück, das mit Zeittäuschung spielt, wird, auch mit Computerhilfe, aufgeführt.

Musik wird improvisiert; mehrere Zeitebenen laufen gleichzeitig ab (repetitive Musik).

Die Wirkung eines Musikstücks in verschiedenen Geschwindigkeiten wird ausprobiert - der Computer kann die Geschwindigkeit ohne Tonhöhenveränderung variieren.

Echo und Hall - Zusammenhang von Zeit - und Raumwirkung in der Musik - werden praktisch erprobt.

Voraussetzung: Bereitschaft, mit Klängen zu spielen und zu experimentieren.

Dirigieren heißt, Zeit zu gestalten. Wie wäre es, sich einmal darin zu versuchen.

Unumgänglich ist es, sich Grundwissen und Grundfertigkeiten in folgenden Bereichen anzueignen:
- Schlagtechnik
- Chorische Stimmbildung
- Probenarbeit: Erarbeitung von Chorwerken
- Rezitativdirigieren
- Orchesterdirigieren

Die TeilnehmerInnen bilden einen Chor und dirigieren abwechselnd.

Videos mit Dirigentenporträts werden studiert. Berufsdirigenten können eingeladen werden. Eine Konzertprobe mit Berufsmusikern wird besucht.

Zukünftige Verwendungsmöglichkeiten: Schulkonzerte, Dirigentenseminare, Leitung außerschulischer Musikensembles.

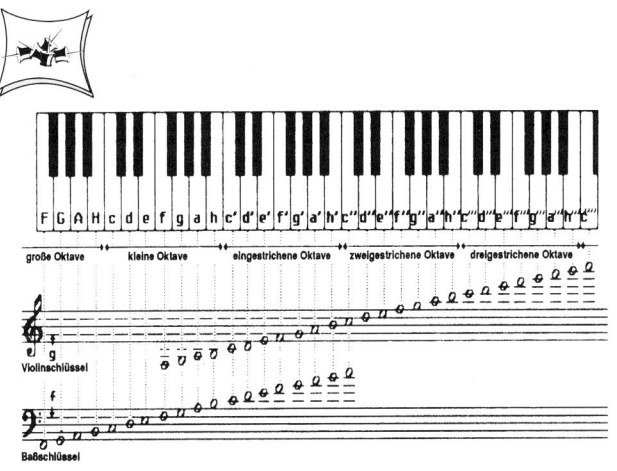

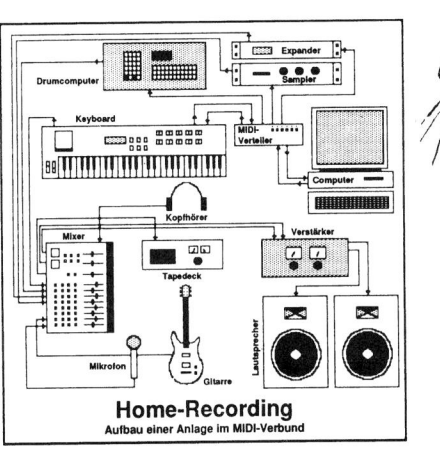

Adelmund, D.: **Spiel mal Musik.** Mülheim: Verlag an der Ruhr 1993.

Augustini, F./ Haehnel, G./ Lotz, K.: **Macht Musik.** 3 Bände. Mülheim: Verlag an der Ruhr 1992.

Hennlein, V.: **Schüler-Spielpartituren.** Mülheim: Verlag an der Ruhr 1991.

Jungheinrich H.-K.: **Der Musikdarsteller.** Zur Kunst des Dirigierens Wochenschau-Verlag o. J.

Projekt Zeit

Erzählte Zeit/Verfilmte Zeit

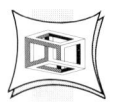

"Wer schreibt, der bleibt."
(Sprichwort)

Jede Literaturverfilmung steht vor dem Problem, wie man "erzählte Zeit" und "Erzählzeit" filmtechnisch umsetzen soll. "Der Zauberberg" von Thomas Mann oder Fontanes "Effi Briest" sind gute Beispiele dafür. Auch die "Momo"-Verfilmung bietet genügend Stoff für dieses Teilprojekt.
"Zeit" und "Zeitstruktur" in der Literatur - losgelöst vom Problem der Verfilmung - können, je nach Interesse der TeilnehmerInnen und der Kompetenz der Leitung, natürlich auch gesondert untersucht werden.

In diesem Fall sind eigene Schreibversuche (Schreibwerkstatt) angebracht, um das Projekt nicht mit Theorie zu überfrachten. ∎

"Filmen heißt, dem Tod bei der Arbeit zuzusehen."
(Jean Cocteau)

Ernst Lubitsch bei der Arbeit

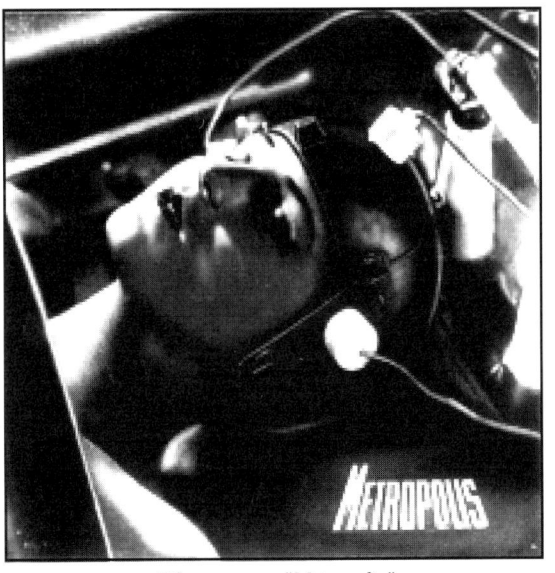

Filmszene aus "Metropolis"

Heinz Körner : "Johannes"

Wer keine Zeit für sich selber hat, der hat zu wenig Zeit. Nimm dir Zeit für dich und besinne dich auf dich selbst, denn es wird nicht leicht sein, ohne Versteck zu leben und frei zu sein.

Du hast nicht mehr und nicht weniger Zeit als von Morgen zu Morgen und von Frühling zu Frühling. Viele leben nur in Angst, etwas zu versäumen. So hetzen sie durchs Leben und versäumen gerade durch ihre Eile das Wesentliche. Denn ein Gehetzter wird jeden Tag aufs neue an sich und den anderen vorbei hasten.

Die Hast eines Menschen sieht eher aus wie Flucht. Geschäftigkeit heißt noch nicht, daß viel getan ist. Beschaulichkeit kann viel mehr tun. Und das Leben wird sich vor dir erst entfalten, wenn du dir Zeit dafür nimmst.

Du bist es wert, daß du dir Zeit nimmst für dich und dein Leben. Eile nicht an dir selbst vorbei, sonst wirst du dich niemals finden. Gleichmäßigkeit und Rhythmus können mehr leisten, als du zu denken wagst. Wer in Eile ist, handelt oft falsch, doch wer sich Zeit nimmt, der wird tiefer leben als der Eilige.

Wie oft eilst du, um Zeit zu sparen. Und die vermeintlich gesparte Zeit brauchst du dann, um dich von der Hetze deines Lebens zu erholen. Viele sparen dauernd Zeit und wissen nicht, wie sie sich die gesparte Zeit am besten vertreiben sollen. Dies ist nicht der rechte Umgang mit der Zeit.

Zieh dich zurück und merke dir, was du bisher gedacht hast über Mann und Frau, Liebe und Haß, Besitz und Not, Krankheit und Freude, Gott und Teufel, Leben und Tod und über alles, von welchem du glaubst, eine Meinung zu haben. Denn dies ist nicht deine Meinung.

Was du bisher dachtest, waren nicht deine Gedanken. Denn du hattest dich in einem Dornengestrüpp versteckt, das dir deine Eltern mitgaben auf deinen Weg.

Jetzt sieh dich um und bilde dir eine Meinung über das, was du siehst. Und wenn es dieselbe Ansicht ist, die du vormals hattest, so ist es doch eine neue Ansicht, denn dir wird deine Sicht nicht mehr verstellt durch dein Versteck. (...)

Projekt Zeit

Erzählte Zeit/Verfilmte Zeit

(Fortsetzung)

Die Zeit verwandelt uns nicht
Max Frisch (Tagebuchnotiz)

Wir sind das Damals, auch wenn wir es verwerfen, nicht minder als das Heute - Die Zeit verwandelt uns nicht. Sie entfaltet uns nur.

Indem man es nicht verschweigt, sondern aufschreibt, bekennt man sich zu seinem Denken, das bestenfalls für den Augenblick und für den Standort stimmt, da es sich erzeugt. Man rechnet nicht mit der Hoffnung, daß man übermorgen, wenn man das Gegenteil denkt, klüger sei. Man ist, was man ist. Man hält die Feder hin, wie eine Nadel in der Erdbebenwarte, und eigentlich sind nicht wir es, die schreiben; sondern wir werden geschrieben. Schreiben heißt: sich selber lesen. Was selten ein reines Vergnügen ist; man erschrickt auf Schritt und Tritt, man hält sich für einen fröhlichen Gesellen, und wenn man sich zufällig in einer Fensterscheibe sieht, erkennt man, daß man ein Griesgram ist. Und ein Moralist, wenn man sich liest. Es läßt sich nichts machen dagegen. Wir können nur, indem wir den Zickzack unsrer jeweiligen Gedanken bezeugen und sichtbar machen, unser Wesen kennenlernen, seine Wirrnis oder seine heimliche Einheit, sein Unentrinnbares, seine Wahrheit, die wir unmittelbar nicht aussagen können, nicht von einem einzelnen Augenblick aus -.

Die Zeit?

Sie wäre damit nur ein Zaubermittel, das unser Wesen auseinanderzieht und sichtbar macht, indem sie das leben, das eine Allgegenwart alles Möglichen ist, in ein Nacheinander zerlegt; allein dadurch erscheint es als Verwandlung, und darum drängt es uns immer wieder zur Vermutung, daß die Zeit, das Nacheinander, nicht wesentlich ist, sondern scheinbar, ein Hilfsmittel unsrer Vorstellung, eine Abwicklung, die uns nacheinander zeigt, was eigentlich ein Ineinander ist, ein Zugleich, das wir allerdings als solches nicht wahrnehmen können. (...)

Du liebe Zeit

Da habe ich einen gehört
wie er seufzte: "Du liebe Zeit!"

Was heißt da "Du liebe Zeit"?
"Du unliebe Zeit", muß es heißen

"Du ungeliebte Zeit!"
von dieser Unzeit, in der wir

leben müssen. Und doch
Sie ist unsere einzige Zeit

Unsere Lebenszeit
Und wenn wir das Leben lieben

können wir nicht ganz lieblos
gegen diese unsere Zeit sein

Wir müssen sie ja nicht
genau so

lassen, wie sie uns traf
(Erich Fried)

Ende, M.:	**Momo oder die seltsame Geschichte von den Zeit-Dieben ...** München: dtv 1988.
Fried, E.:	**Unverwundenes.** Liebe, Trauer, Widersprüche, Gedichte. Berlin: Wagenbach-Verlag o.J.
Frisch, M.:	**Tagebücher.** 2 Bände. Frankfurt/M.: Suhrkamp-Verlag 1991.
Körner, H.:	**Johannes.** Fellbach: Lucy Körner-Verlag 1978.
Nadolny, S.:	**Die Entdeckung der Langsamkeit.** München: Piper-Verlag 1983.

Zeitlupe/Zeitraffer

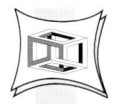

"Augenblick verweile doch, du bist so schön"
(Johann W. Goethe)

Ein alter Menschheitstraum: Die Zeit anhalten - die Zeit beschleunigen. Schöne Momente und starke Augenblicke sollen nie aufhören, schlechte Zeiten (wohlmöglich noch mit trüben Aussichten) schnell vorübergehen. Jeder kann sich an solche Momente und Hoffnungen erinnern. Wie geht man damit um? Haben wir vielleicht ganz individuelle Tricks und Techniken entwickelt, den Ablauf der Zeit (scheinbar) zu beschleunigen oder zu verlangsamen?
Im Medium Film gibt es solche Techniken, und jeder kennt sie: Zeitlupe und Zeitraffer.
Wozu werden sie eingesetzt?
Wie funktionieren sie?

Seit wann gibt es diese Filmtechniken?
Mit einem Fotoapparat, einer Videokamera und einem Viedeorecorder (möglichst mit Standbildfunktion und verschiedenen Laufgeschwindigkeiten (sichtbarer Rücklauf etc.)) kannst Du selbst die Zeit bzw. ihre Abbilder manipulieren. Die Aufgabe besteht darin, durch Lichtbild und Video "die Zeit" zum emotionalen Erlebnis zu machen.

Die Fotografie bildet dabei die Basis für das Video, denn es ermöglicht Fotografien, die die Zeit mit einschließen (siehe auch Teilprojekt "Sichtbare Zeit", S. 26).

Es könnte so vorgegangen werden:

Das Werkzeug:
Kamera, Objekt, Verschluß, Aufnahme, Kopiermaterial.

Das Thema:
Bilder von Menschen: "Lebensalter"

Mensch und Zeit:
"Bewegungsbilder"

Bildsequenzen:
"Zeitbilder" (eine Pflanze wächst etc.)

Das Werkzeug:
Video-Kamera, Videotechniken

Das Thema:
Videotapes: "Zeitterritorien"

Installationen:
"Das Zeit-Mensch-Phänomen"
Videoaufnahme TV, z.B. Sportschau: Zeitlupe eines Torschusses etc.

Staub, J.: **Mach Dir ein Bild.** Praxistips füt Foto, Film und Video. Niedernhausen: Falken-Verlag 1988.

Täuble, A.: **Video in der Praxis.** Für Schule, Gemeindearbeit und Erwachsenenbildung. Feiburg: Christophorus-Verlag 1987.

Tholen, G.C.: **Zeitreise.** Bilder, Maschinen, Strategien, Rätsel. Frankfurt/M: Stroemfeld/Roter Stern-Verlag 1993.

Wolf, W.: **Die Medien, das sind wir selbst.** Handbuch für die Medienarbeit in der Schule. Reinbek: Rowohlt-Verlag 1989.

Projekt Zeit

Sichtbare Zeit

"Die Zeit erstarrt im Gestein."
(Gundel Mattenklott)

Zeit läßt sich nicht schmecken, nicht riechen, nicht sehen und trotzdem messen wir sie und teilen unseren Alltag nach ihr ein. Wir sind Sklaven eines unsichtbaren Herrn. Wahrnehmen können wir immer nur Effekte der Zeit, nie die Zeit selbst.

Was an der Zeit nehmen wir wahr, welche Zeiteffekte können wir beobachten?

Film und Fotografie (siehe auch Teilprojekt "Zeitlupe/Zeitraffer", S. 25) bieten einen guten Einstieg. Das Foto ist ein Einschnitt in den Ablauf der Zeit - ein erstarrter Augenblick.

Der Film ist nichts anderes als eine Abfolge erstarrter Augenblicke: 24 Bilder (25 im TV) pro Sekunde schaffen die Illusion einer (zeitlichen) Bewegung. (Hinweis: für große Projekte wie Geologie, Astronomie, Archäologie die Gruppen weiter unterteilen.) ∎

Zootrop oder Wundertrommel mit Sehschlitzen, durch die man die Bilder "laufen" sieht (Ende 19. Jh.)

Bewegungsfotografien von Edward Muybridge (1878)

Projekt Zeit

Sichtbare Zeit

(Fortsetzung)

In der Werbung geht es um Minuten und Sekunden, in der Natur um Jahre, Jahrhunderte oder gar Zigtausende von Jahren.

Auch unter der Erde finden sich Beispiele erstarrter Zeit. Statt eines Ziffernblattes aber hat die "geologische Uhr" Segmente. Versuchen wir doch einmal, die Entwicklungszeit der Erde in einem einprägsamen Bild darzustellen. Eine geologische Zeittafel wird erstellt, die z.B. an einer Wand der Schulbibliothek ihren Platz finden kann, um weiterhin Verwendung zu finden.

Anhand von Tier- und Pflanzenfossilien können die verschiedenen Erdzeitalter in ihrer Eigenart veranschaulicht werden. Ergänzend wird eine verschiedenfarbige Kartei angelegt, die Informationen über den Werdegang der Erde und des Lebens speichert.

An Arbeitsformen sind zu bewältigen:
- Studium der Fachliteratur zum Thema,
- künstlerisch-graphische Umsetzung,
- handwerkliche Übertragung auf die Wandfläche.

Auch für dieses Teilprojekt gilt: Die speziellen Fähigkeiten der TeilnehmerInnen werden gezielt eingesetzt.

Kleinformatige Darstellungen finden sich in vielen Lehrwerken und Lexika.

Eine Zusammenarbeit mit dem Dinosaurier-Projekt (S. 6) bietet sich geradezu an!

Der Friedhof in der Erdkruste

Die Erdkruste ist ein riesiger Friedhof, in dem die Reste der Lebewesen liegen, die unseren Planet im Laufe von 2 Milliarden Jahren hervorgebracht hat. Diese Reste liegen eingebettet im sedimentären Gestein der Gebirgsketten und Meeresböden, im Sand der Wüsten und unter dem Gras der Wiesen. Sie werden durch den Regen ausgewaschen, von Eis umschlossen, von der Sonne gebleicht und vom Winde verweht. Ganz gleich, an welcher Stelle der Erde wir eine Handvoll Erde aufnehmen, wir werden in unserer Hand damit auch immer ein paar Atome eines Lebewesens haben, das einst Sonne und Regen kannte.

Spuren verschwundenen Lebens

Die Spuren und Reste alter Lwebewesen, die sich in Sedimenten finden, heißen Fossilien. Der größte Teil von ihnen ist Millionen von Jahren in dem Gestein eingeschlossen gewesen und wurde dann von der Erosion freigelegt. Wir finden sie in den Wänden der Canyons, in den Gesteinen der Bergabhänge, entlang der in die Berge geschnittenen Straßen, in den felsigen Betten der Flüsse, in Kohlelagern und Steinbrüchen - in allen Zonen, in denen es sedimentäres Gestein gibt.

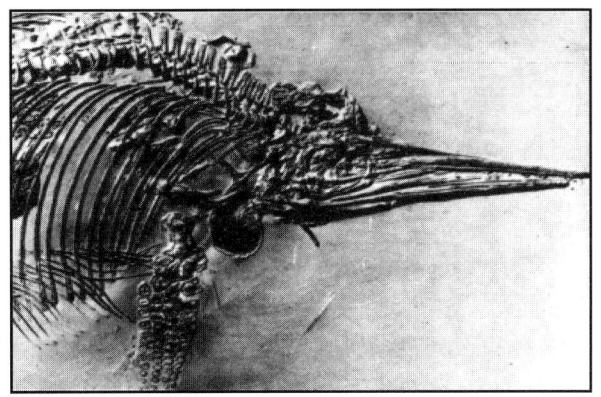

Projekt Zeit

Sichtbare Zeit

(Fortsetzung)

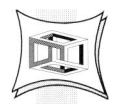

Besucht doch einmal ein Bergwerk oder macht eine Tagebau-Exkursion. Irre, was es da alles zu entdecken gibt.
Aber auch Leseratten und Filmfreaks werden sicher fündig. Ob Jules Verne oder "Time Tunnel" - Material gibt's genug. Und ganz ausgeflippt wird es, wenn man sich auf die Spuren der Psychoanalyse begibt ...

"Es ging im neuen Tunnel abermals bergab. Hans ging nach seiner Gewohnheit voran. Wir waren noch nicht hundert Meter weit, da ließ der Professor den Schein seiner Lampe an den Wänden entlanggleiten und rief: "Das ist das Urgestein! Wir sind auf dem richtigen Weg. Vorwärts! Vorwärts!"
Als die Erde in der Urzeit allmählich erkaltete, bewirkte die Verminderung ihres Umfangs in der Rinde Verschiebungen, Risse und Spalten. Der Gang, durch den wir gingen, war eine Spalte dieser Art, durch die sich einst der eruptive Granit ergoß. Tausende von Windungen bildeten ein unentwirrbares Labyrinth in diesem Urgestein. Je weiter wir hinunterkamen, desto deutlicher wurden die aufeinanderfolgenden Schichten, aus denen das Urgestein besteht, sichtbar. Die Geologie sieht in diesem Urgestein die Basis der mineralischen Rinde und hat erkannt, daß sie aus drei verschiedenen Lagen besteht: Schiefer, Gneis und Glimmerschiefer, die auf dem unerschütterlichen Granit lagern. Aber noch nie haben Mineralogen die Natur an Ort und Stelle unter so günstigen Umständen studieren können. Was die Sonde, ein unintelligentes, rohes Instrument, aus dem inneren Gefüge nicht an die Erdoberfläche zu bringen vermochte, würden wir mit eigenen Augen sehen, mit unseren eigenen Händen berühren. (...)
Das Licht der Apparate, das von den kleinen Facetten der Felsmasse zurückgeworfen wurde, sandte seine Strahlen in alle Winkel, und es kam mir vor, als ginge ich durch einen hohlen Diamanten, in dem sich die Strahlen tausendfach brachen. Gegen sechs Uhr ging dieses Lichterfest allmählich zu Ende. Die Wände nahmen eine kristallene, aber düstere Farbe an. Der Glimmer mischte sich inniger mit Feldspat und Quarz, um das härteste aller Gesteine zu bilden, den Granit, der die vier Gesteinsschichten der Welt trägt, ohne davon erdrückt zu werden. Wir waren in dem gewaltigen Granitgefängnis eingemauert."
(Reise zum Mittelpunkt der Erde, S. 195ff.)

Jules Verne
Reise zum Mittelpunkt der Erde
Übersetzt von Hansjürgen Wille und Barbara Klau
Mit dreiundfünfzig Illustrationen von Riou

Diogenes

Bergwerke gehören seit jeher in die Reihe der Vorstellungen und Bilder, die sich die Menschen von Gedächtnis und Erinnerung gemacht haben. In ihnen ist die Tiefe der Zeit als Tiefe des Raums anschaulich, die urzeitlichen Epochen der Erde sind ablesbar an den einzelnen Gesteinsschichten. Den Märchen und Sagen zufolge ist auch die Erinnerung an die Vergangenheit der Menschen aufbewahrt in diesen schweigenden Räumen im Inneren der Erde: So hat sich die ehemals verehrte Göttin Venus in den Hörselberg zurückgezogen. Die Schächte in den Berg hinein sind Wege zurück in uralte Vergangenheit, ohne daß doch der sie geht seine Gegenwart verlassen würde. Verräumlicht ist das Vergangene gegenwärtig. Die Zeit erstarrt im Gestein .
(Gundel Mattenklott)

Archäologie der Seele

Sigmund Freud, der wohl berühmteste Psychologe und Begründer der Psychoanalyse (und Zigarrenraucher), war ein leidenschaftlicher Archäologie-Fan. Sein Freund und Arzt Max Schur schrieb: "Seine Vorliebe für das Prähistorische war eine Sucht, die an Stärke nur von seiner Nikotinsucht übertroffen wurde." Kein Wunder, daß Freud bei der Erforschung und Beschreibung der menschlichen Psyche immer wieder Bilder aus dem Bereich der Archäologie benutzte. Ein Patient fühlte sich in Freuds Behandlungsraum "nicht an das Ordinationszimmer eines Arztes, sondern vielmehr an ein archäologisches Kabinett" erinnert. Freuds Hauptthese war, daß es neben dem Bewußtsein auch ein Unbewußtes gebe. Dies seien "*verschüttete* Erinnerungen" - meist aus der frühen Kindheit. Aus der Verdrängung dieser oft unliebsamen Erinnerungen, so Freud, entstünden im Laufe des Lebens oft seelische Erkrankungen. Um diese zu heilen, müsse man das Unbewußte "*aufdecken*", müsse man die "*Schichten* des Seelenlebens" offenlegen. Einem anderen Patienten erklärte Freud, daß "der Psychoanalytiker, ähnlich dem Archäologen bei seinen Ausgrabungen, gezwungen sei, viele Schichten in der Psyche seines Patienten bloßzulegen, bevor er zu dem Wertvollsten, aber auch zugleich *am tiefsten Verborgenen* gelangen könne." Und gern verglich er seine eigene Entdeckerleistung im Bereich der menschlichen Psyche mit den Erfolgen berühmter Archäologen: "Es ist, als hätte Schliemann wieder einmal das für sagenhaft gehaltene Troja ausgegraben."

Sigmund Freud

Projekt Zeit

Sichtbare Zeit

(Fortsetzung)

Was die Leute früher so alles weggeworfen haben! Und wir dürfen es heute wieder einsammeln, wo wir doch selbst genug wegwerfen. Scherben, Knochen, Schmuck - da kommt einiges zusammen, wenn wir beim Ausgraben - fachkundlich geleitet - mit Hand anlegen, z.B. in einer gallo-römischen Siedlung des 1.-3. Jahrhunderts n. Chr. Und was es da an Parallelen zu unserer Lebensweise gibt, das gehört mit zu den vielen Überraschungen.

Die Bereitschaft, auch bei schlechtem Wetter im Dreck zu buddeln, müßte natürlich schon vorhanden sein. Auch ein wenig Lust am Lagerleben, die entsprechende Arbeitskleidung, ein Schlafsack und die Einsicht, daß Menüs mit mehreren Gängen einige Tage außen vor bleiben.

Sollte die Teilnahme an Ausgrabungen einmal nicht möglich sein, gibt es ja immer noch ein Museum in der Nähe, wo die bisherigen Funde gehortet werden. Vielleicht fertigen wir eine alternative Dokumentation an, die mehr Leute ins Museum lockt.

Doch nicht nur in den Tiefen der Erde, auch hoch über unseren Köpfen können wir scheinbar in die Vergangenheit schauen:

Ein Blick zum nächtlichen Sternenhimmel (wenn's mal wieder nicht aufklart, tut's auch eine astronomische Abbildung) gleicht einer Reise in die Vergangenheit. Was wir dort sehen, ist ein Abbild von Zeit. Warum?

FUNDORT-BERICHT

- **Geplantes Ausgrabungsdatum:** _____
- **Lage des Ausgrabungsortes:** _____
- **Klimatische Bedingungen:**
  - Temperatur: Maximum _____   Minimum _____
  - Niederschlag: Maximum _____   Minimum _____
- **Einzelheiten zum Ausgrabungsort:**

  Tiefe des Fundortes

  ☐ Oberfläche   ☐ bis 35 cm   ☐ bis 50 cm   ☐ bis 1 m und mehr

  Beschaffenheit des Fundortes

  ☐ Loser Sand   ☐ Erde   ☐ Loses Gestein   ☐ Fels

aus Brian Mackness: Irre Seiten - Dinos aktiv

Projekt Zeit

Sichtbare Zeit
(Fortsetzung)

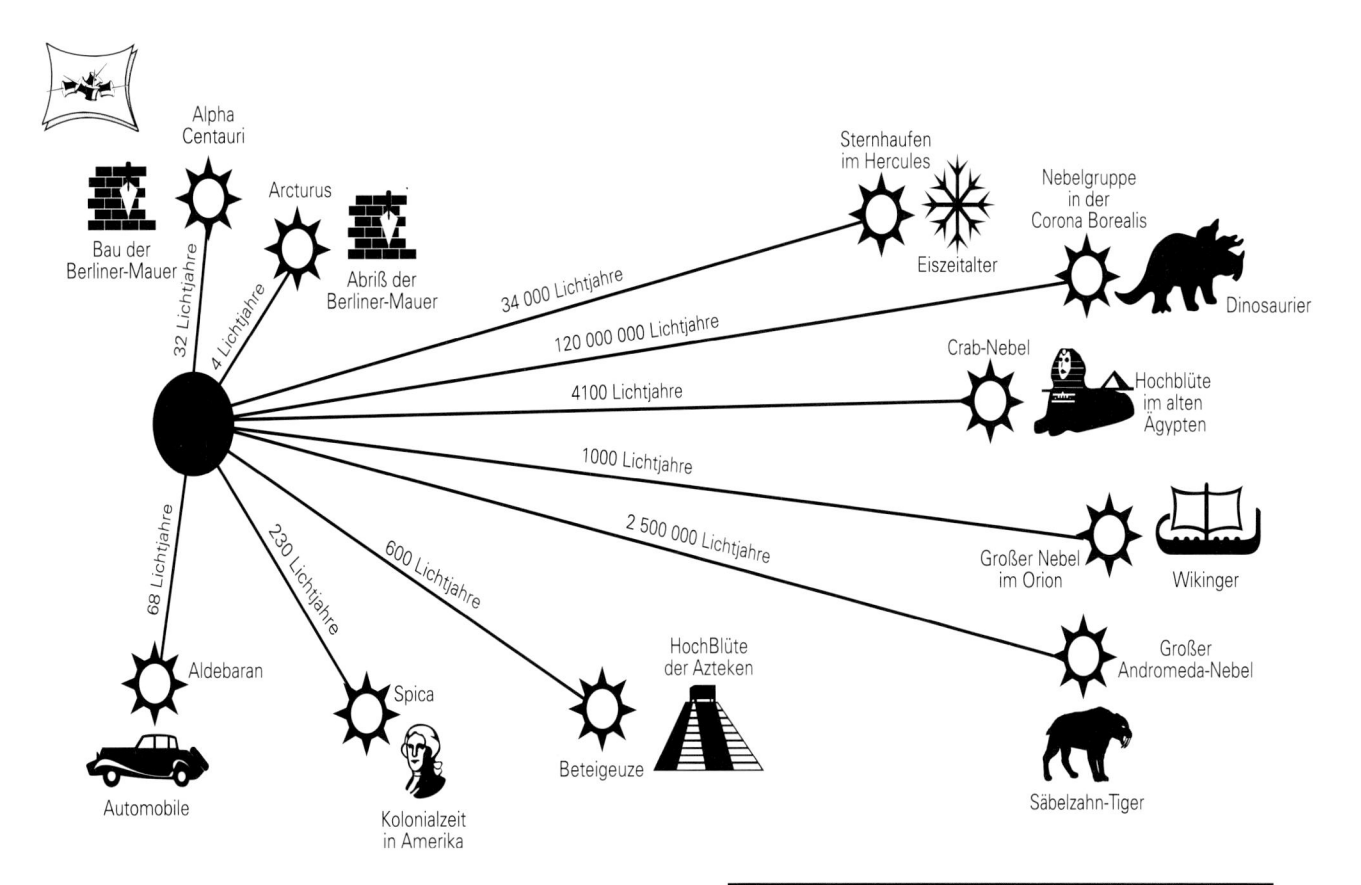

Diagramm mit Entfernungen zu Sternen und zugeordneten historischen Ereignissen:

- Bau der Berliner-Mauer – 32 Lichtjahre
- Alpha Centauri – 4 Lichtjahre
- Arcturus – Abriß der Berliner-Mauer
- Sternhaufen im Hercules – 34 000 Lichtjahre – Eiszeitalter
- Nebelgruppe in der Corona Borealis – 120 000 000 Lichtjahre – Dinosaurier
- Crab-Nebel – 4100 Lichtjahre – Hochblüte im alten Ägypten
- 1000 Lichtjahre
- Großer Nebel im Orion – 2 500 000 Lichtjahre – Wikinger
- Großer Andromeda-Nebel
- Aldebaran – 68 Lichtjahre – Automobile
- Spica – 230 Lichtjahre – Kolonialzeit in Amerika
- Beteigeuze – 600 Lichtjahre – Hochblüte der Azteken
- Säbelzahn-Tiger

Was ist ein Lichtjahr?

Ein Lichtjahr ist die Entfernung, die das Licht in einem Jahr zurücklegt. Die Geschwindigkeit des Lichtes beträgt fast genau 300 000 Kilometer in der Sekunde, ein Lichtjahr entspricht somit der kaum vorstellbaren Strecke von etwa 9, 46 Billionen Kilometern.
Die Berechnung eines Lichtjahres geschieht nach der folgenden Formel:

Lichtgeschwindigkeit = 300 000 km/sec

X 60 (Anzahl der Sekunden pro Minute)

X 60 (Anzahl der Minuten pro Stunde)

X 24 (Anzahl der Stunden pro Tag)

X $365^{1/4}$ (Anzahl der Tage pro Jahr) =

9 467 280 000 000 km oder rund

9, 46 Billionen km.

Radioteleskop in Neusüdwales (Australien)

Projekt Zeit

Sichtbare Zeit

(Fortsetzung)

Im Alter von 4 Jahren wurde das Bäumchen zur Seite gedrückt. Um die Seitenneigung zu korrigieren, mußte es auf der unteren Seite stärker wachsen.

Im Alter von 13 Jahren zerstörte ein Bodenfeuer die Rinde auf einer Seite. Nach 5 Jahren war die Wunde endlich geschlossen.

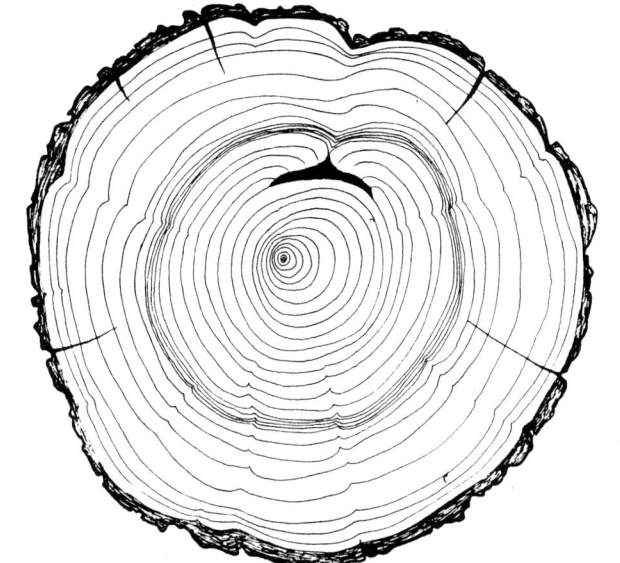

5 Minuten, 30 Sekunden

7 Minuten, 30 Sekunden

Im dichten Baumbestand steht der Baum in Konkurrenz um Licht, Wasser und Nährsalze: Das Wachstum verlangsamt sich.

Umstehende Bäume wurden gefällt. Vom 23. Jahr an ist eine starke Zunahme des Wuchses zu erkennen. Im Alter von 31 Jahren wurde der Baum gefällt.

Habel, E.:	**Planeten, Sonnen und Galaxien.** Eine unendliche Reise.	
	Mülheim: Verlag an der Ruhr 1990.	
Mattenkott, G.:	**Bergwerk, Tintenfluß, Palimpsest.**	
	- In: Schreiben - Schreiben lernen. Tübingen: Narr-Verlag 1985, S. 14ff.	
Stebler, H.:	**Optische Spielereien.**	
	München: Hugendubel-Verlag 1987.	
Tholen, G.C.:	**Zeitreise.** Bilder, Maschinen, Strategien, Rätsel.	
	Frankfurt/M.: Stroemfeld/Roter Stern-Verlag 1993.	
Verne, J.:	**Reise zum Mittelpunkt der Erde.**	
	Zürich: Diogenes-Verlag 1976.	

Projekt Zeit

Zeit als Entwicklung

*"Die Unterröcke fallen weg,
die Taille bleibt unbetont."*
(Modezeitschrift 1917)

Wie nehmen wir wahr, daß Zeit vergangen ist? Da gibt es viele Möglichkeiten: die Zeiger einer Uhr, der Stand der Sonne, das Wachsen einer Pflanze, das Altern der Menschen usw. Immer verändert sich etwas, entwickelt sich etwas weiter. Wenn sich etwas verändert, ist auch Zeit vergangen.

So einfach ist das....
Das Angebot ist riesig:
Alles verändert sich, "alles ist im Fluß", wie der griechische Philosoph Heraklit erkannte. Also könnte man schlichtweg so ziemlich an jedem Ding den Lauf der Zeit ablesen. Sammelt also besonders anschauliches Material! ■

Wichtige Erfindungen

Vor Chr.
- hölzernes Wagenrad — um 6000
- hölzerner Pflug — um 4000
- Papyrus als Schreibstoff — um 3000
- Bewässerungskanäle — um 2000
- Blasebalg — um 1450
- Webstühle — um 1425
- Papier aus Hanf — um 250
- Flaschenzug — um 250
- Warmwasserheizung — um 100

Nach Chr.
- Papier — 105
- Porzellan — 7. Jh.
- Windmühlen — 10. Jh.
- Kompaß — 1269
- Brille — 13. Jh.
- Spinnrad — 13. Jh.
- Buchdruck — 1445
- Taschenuhr — 1500
- Mikroskop — 1590
- astronomisches Fernrohr — 1610
- Quecksilberbarometer — 1643
- Spiegelteleskop — 1669
- Quecksilberthermometer — 1718
- Gußstahl — 1735
- Blitzableiter — 1752
- Dampfmaschine — 1765
- Heißluftballon — 1783
- mechanischer Webstuhl — 1785
- Elektromagnet — 1825
- Schiffsschraube — 1826
- Reibzündholz — 1826
- Dampflokomotive — 1829
- Nähmaschine — 1830
- Revolver — 1835
- Telegraf — 1837
- Fotografie — 1839
- Tauchboot — 1850
- Fahrrad mit Tretkurbel — 1853
- elektrische Glühlampe — 1854
- Telefon — 1861
- Torpedo — 1866
- Schreibmaschine — 1867
- Dynamit — 1868
- Viertaktmotor — 1876
- elektrische Lokomotive — 1879
- elektrische Straßenbahn — 1881
- Maschinengewehr — 1883
- Dampfturbine — 1884
- Gasglühlicht — 1885
- Kraftwagen — 1885
- Plattenspieler — 1887
- Luftreifen — 1890
- Kino — 1895
- Dieselmotor — 1897
- Zeppelin — 1900
- Motorflug — 1903
- Echolot — 1912
- Fließband — 1913
- elektrische Waschmaschine — 1914
- Tonfilm — 1919
- Rundfunk (in Deutschland) — 1923
- Bildtelegrafie — 1925
- Tonband — 1928
- Fernsehen — 1932
- Elektronenmikroskop — 1933
- Nylonfaser — 1938
- Radargeräte — 1943
- Atombombe — 1945
- Computer — 1946

Veränderungen der Insel Juist

1650
1715
1740
1800
1866
1892
1925

Ein Fortschritt?

Projekt Zeit

Zeit als Entwicklung
(Fortsetzung)

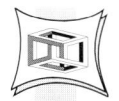

Wie wäre es mit einer Recherche im Bereich der Mode. Der Wandel der Kleidung zeigt, wie die Zeit vergeht. Habt Ihr nicht auch schon darüber geschmunzelt, wie Ihr auf älteren Fotos angezogen seid? Modern/unmodern - wie schnell geht das ...

Zeitlos, zeitgemäß, der Zeit voraus - so lassen sich die "Produkte" gliedern, die in diesem Projekt entstehen.

Zunächst wird der Kleiderschrank durchstöbert, auch der auf dem Speicher oder im Keller. Dann läßt man der Phantasie freien Lauf: Entwürfe aller Art entstehen.
Zum Schluß: Mode auf dem Laufsteg nach der Devise "zeitlos, zeitgemäß, der Zeit voraus". (Da bleibt bei entsprechender Musik und Moderation kein Auge trocken).
Voraussetzung: Improvisationsgabe, Phantasie, Mut zur Übertreibung und Präsentation. ∎

Juist 1890

Juist 1930

Juist 1938

Juist 1968

1913   *1940*   *1960*

1933    *1946*    *1956*

Was heißt "modern"?

Das seit dem Anfang des 18. Jh.s bezeugte Adjektiv ist aus *frz.* moderne "neu; modern" entlehnt, das auf *lat.* modernus "neu, neuzeitlich" zurückgeht. Es trat zunächst in der Bed. "neu; neuzeitlich" auf. In diesem Sinne steht 'modern' gleichsam im Gegensatz zu 'antik', wie auch das Substantiv Moderne "neue, neueste Zeit; moderner Zeitgeist; moderne Kunstrichtung" (19. Jh.) zeigt. Die heute vor allem gültige Bedeutungen von 'modern' "neuartig", "auf der Höhe der Zeit", "modisch, dem Zeitgeschmack entsprechend" zeigen deutlichen Einfluß des Wortes 'Mode' (Entsprechendes gilt für *frz.* moderne). - *Lat.* modernus ist abgeleitet von dem Adverb *lat.* modo "eben, eben erst" (eigentlich "mit Maß, auf ein Maß beschränkt", dann auch "nur bloß") nach dem Vorbild von *lat.* hodiernus "heute" (zu *lat.* hodie "heute"). Das Adverb modo ist eigentlich ein erstarrter Ablativ von *lat.* modus "Maß" (vgl. *Modus*). Abl. modernisieren "erneuern; modisch zurechtmachen, neuzeitlich herrichten" (18. Jh.; aus *frz.* moderniser).
(Duden - Herkunftswörterbuch)

Projekt Zeit

Zeit als Entwicklung
(Fortsetzung)

Und wer Mode einfach nur langweilig und doof findet, hat vielleicht ein Händchen für Möbel. Eine Arbeit für zeitbegeisterte Handwerkfreaks unter Euch. Dieses "Im-Wandel-der-Zeit-Projekt", im Grunde läßt sich jede Sache unter diesen Entwicklungsaspekt stellen, hat viele praktische Vorzüge. Das Unternehmen läßt sich leicht in mehrere Teilprojekte aufteilen, die am Ende doch wieder eine Einheit ergeben:

Entwurf und Bau eines großen Puppenhauses, in dem Puppen und Möbel nach Epochen geordnet - Platz finden. (Kindergärten z.B. sind später dankbare Abnehmer!)

Anfertigung stilgenauer Möbel aus Pappe und Papier nach Vorlage.
Schneidern von Puppenkleidern unter dem Motto "Mode im Wandel der Zeit" (S. 33).

Einrichtungen Gestern und Heute

Becher, U.:	**Geschichte des modernen Lebensstils.** München: Beck-Verlag 1990.	
Loschek, I.:	**Mode im 20. Jahrhundert.** Ein Kulturgeschichte unserer Zeit. München: Bruckmann-Verlag 1978.	
Jacobeit, S. und W.:	**Illustrierte Alltagsgeschichte des deutschen Volkes.** 1550-1810. Köln: Pahl-Rugenstein-Verlag 1986.	
Jacobeit, S. und W.:	**Illustrierte Alltagsgeschichte des deutschen Volkes.** 1810-1900. Köln: Pahl-Rugenstein-Verlag 1987.	
Votteler, A. (Hg.):	**Wege zum modernen Möbel.** 100 Jahre Designgeschichte. Stuttgart: DVA 1989.	

Projekt Zeit

Lebenszeit

"Unser Leben währet siebenzig Jahr, und wenn's hoch kommt, so sind's achtzig Jahr, und wenn's köstlich gewesen ist, so ist's Mühe und Arbeit gewesen."
(Psalm 90, 10)

Nur selten "geht die Zeit spurlos" an uns vorüber. An uns selbst können wir den Zahn der Zeit nagen sehen. Ein Blick ins Fotoalbum ist der Beweis.
Schon alltägliche Verrichtungen wie Haare- oder Nägelschneiden sind Zeiterfahrungen. Wir leben mit und in der Zeit.

Das Teilprojekt ist eine Fundgrube für Wühlmäuse und Hobby-Archivare. Zuhauf lassen sich Daten und Illustrationen zum Thema sammeln. Ziel könnte eine Mappe oder Ausstellung zum Teilprojekt werden. Eventuell auch Zusammenarbeit mit Gruppe aus dem Teilprojekt "Sichtbare Zeit" (S. 26ff.).

Leben heißt altern

Warum Zellen, Organe und Organismen im Laufe der Jahre ihre Funktion einschränken und schließlich ganz verlieren und ob der Zeitpunkt, zu dem sie dies tun, hinausschiebbar ist - darüber streiten sich die Gelehrten. Altern ist jedoch auch ein individueller Prozeß. Nicht umsonst sagt der Volksmund: Jeder ist so alt, wie er sich fühlt. Unbestreitbar lassen manche Körperfunktionen mit zunehmendem Alter nach. Jedes Organ altert unterschiedlich schnell. Manche Altersprozesse beginnen schon beim 20-Jährigen, andere erst mit 70 Jahren. Psychischer Streß, mangelnde oder zu starke körperliche Belastungen, falsche Ernährung und andere äußere Faktoren können den Alterungsprozeß beschleunigen, der in seiner Komplexität noch lange nicht völlig erforscht ist.

Verschiedene Lebenszeiten

Maus: 9 Monate bis 1 Jahr

Katze: 13 bis 17 Jahre

Elefant: 20 bis 30 Jahre

Riesenschildkröte: ungefähr 50 Jahre

Mensch: 70 bis 80 Jahre

Haarwachstum: ca. 0,5-0,7mm pro Tag

Nägelwachstum: ca. 0,08mm pro Tag

Haarhaus, F.: **Was geschieht beim Älterwerden.** Eine umfassende Orientierungshilfe. Neuhausen: Hänssler-Verlag 1991.

Kattmann, U.: **Altern, Lebensverlängerung und Tod.** - In: Unterricht Biologie. H. 177/1992, S. 34ff.

Mull, G./Schneider, C.: **Morphologische Aspekte der menschlichen Individualentwicklung.** - In: Unterricht Biologie. H. 101/1985, S. 24ff.

Parker, S.: **Der Mensch und sein Körper.** Nürnberg/Hamburg: Tessloff-Verlag 1988.

Winkel, G.: **Biographie des Menschen.** - In: Unterricht Biologie. H. 177/1992, S. 4ff.

Projekt Zeit

Das Zeitliche segnen

"Tod, wo ist Dein Stachel!"
(1. Kor. 15,55)

Wenn jemand starb, so hieß es früher: "Seine Uhr läuft ab." Mit dem Tod kommt die Zeit des Einzelnen an ihr Ende.
Testamente, letzte Worte berühmter Menschen, Grabsprüche...
Die TeilnehmerInnen des Teilprojektes können Notare befragen, Friedhöfe und Beerdigungsinstitute besuchen, kulturgeschichtliche Abhandlungen über den Tod durchstöbern, sich in Museen nach Todesbildern verschiedener Epochen erkundigen etc.
Warum gibt es Mumien? Warum faszinieren uns Moorleichen? Was hat es mit dem Ötzi-Boom auf sich?

Frieda Füll
* 1.1.1930 † 1.1.199

Nach langer Krankheit vestarb heu
von uns allen geliebte Mutter,
und Schwester.

In stillem Gedenken:
Familie Füll und Kramer.

45472 Mülheim a. d. Ruhr

Von Beileidsbesuchen
bitten wir abzusehen.

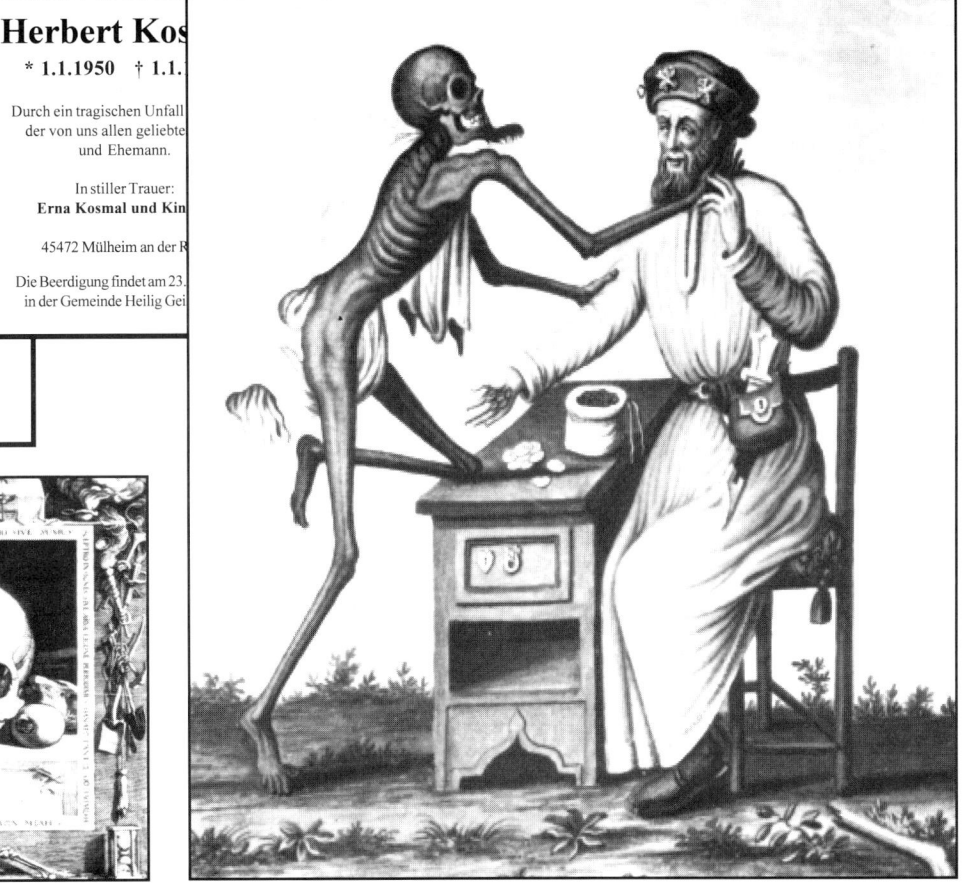

Herbert Kos
* 1.1.1950 † 1.1.

Durch ein tragischen Unfall
der von uns allen geliebte
und Ehemann.

In stiller Trauer:
Erna Kosmal und Kin

45472 Mülheim an der R

Die Beerdigung findet am 23.
in der Gemeinde Heilig Gei

Ariès, P.:	**Geschichte des Todes.**	
	München: dtv 1982.	
Ariès, P.:	**Bilder zur Geschichte des Todes.**	
	München: Hanser-Verlag o.J.	
Frisch, M.:	**Der Mensch erscheint im Holozän.**	
	Frankfurt/M.: Suhrkamp-Verlag 1981.	
Geißler, K.:	**Zeit leben.**	
	Weinheim: Beltz-Verlag 1987.	
Kattmann, U.:	**Altern, Lebensverlängerung und Tod.**	
	- In: Unterricht Biologie, H. 177, Sept. 1992, S. 34ff.	

Projekt Zeit

Endzeitstimmung

"Alles ist endlich, außer der Zeit"
(Tony Rothman)

Krieg, Hunger, Vertreibung, Naturzerstörung, Umweltkatastrophen ... - tagtäglich prasseln Schreckensmeldungen und grauenvolle Bilder auf uns ein. Das weltweite Ausmaß solcher Ereignisse aber stellt jedes Engagement einzelner in Frage: Was nutzt es, bei mir zu Hause Energiesparlampen zu benutzen, wenn zur gleichen Zeit in der Ukraine Tschernobyl wieder ans Netz geht? Angesichts der scheinbaren Folgenlosigkeit individuellen Handelns macht sich Resignation breit. Vor allem Kinder und Jugendliche fühlen sich ohnmächtig und orientierungslos: "Was kann gerade ich denn schon verändern?"

Die Ohnmacht des einzelnen angesichts drohender Katastrophen führt seit jeher zu Endzeitstimmung. Das Ende der Zeit, der Weltuntergang, wurde schon oft beschworen, auch wenn die reale Gefahr nie so groß war wie heute. Erdbeben, Kometen und andere Gefahren, auf die der Mensch keinen Einfluß hatte, führten schon früher zu Todesangst und Resignaton. Ein Projekt für Apokalyptiker und Engagierte.

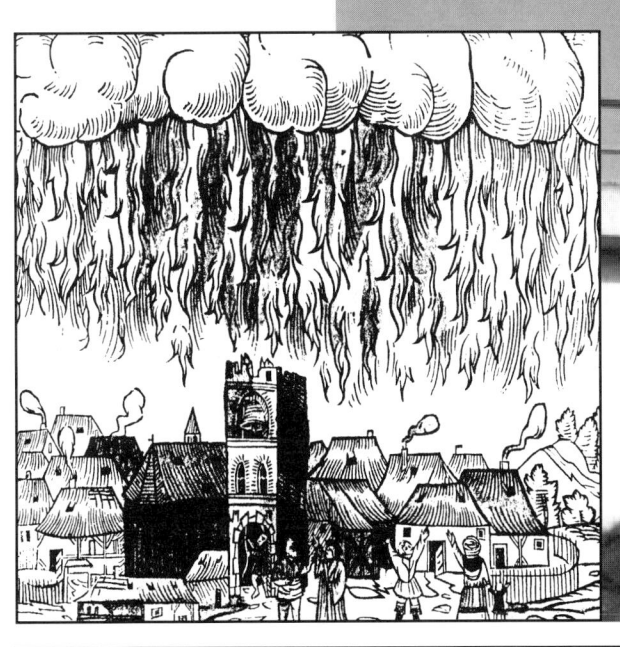

Projekt Zeit

Endzeitstimmung
(Fortsetzung)

Die nächste Nummer behandelt den prophezeiten Weltuntergang und wird als

Weltuntergangs-Nummer

in ganz besonderer Ausstattung mit vielen, auch farbigen Bildern und in erweitertem Textumfang erscheinen.

Verlag des Kladderadatsch
A. Hofmann & Comp.

Die Zeit läuft ab

SPEZIAL
Bericht des Club of Rome 1991
DIE GLOBALE REVOLUTION

Die Zeit drängt

Rechtzeitig daran denken: Ab 1.10.'93 müssen auch **alle vor dem 1.1.1983 installierten Heizanlagen** verschärfte gesetzliche Grenzwerte für Abgasverluste erreichen, zur Entlastung der Luft von Schadstoffen und CO_2. Denken Sie an den Schutz der Umwelt! Gerade ältere Anlagen werden Probleme mit den neuen Werten haben. Sprechen Sie deshalb mit unseren Energieberatern oder Ihrem Heizungsfachmann. Sie sagen Ihnen gern, welche Möglichkeiten Ihnen energiesparende und emissionsarme Gasgeräte bieten.

erdgas

Stadtwerke Essen AG

Stadtwerke Essen AG · Telefon 8 00-14 48
Rüttenscheider Str. 27-37 · 45128 Essen

ZEIT ZU HANDELN
GLOBALER UMWELTSCHUTZ

Anders, G.:	**Die atomare Drohung.** München: Beck-Verlag 1981.	
Bischoff, M.:	**Himmelszeichen.** Eine bildreiche Kunde von Aberglauben und Ängsten. Nördlingen: Greno-Verlag 1986.	
Böhm, A./u.a.:	**Angst allein genügt nicht.** Thema Umweltkrisen. Weinheim/Basel: Beltz-Verlag 1989.	
Hellweger, S./Roer, W.:	**Ozonloch und Klimakatastrophe.** Mülheim: Verlag an der Ruhr 1989.	
Marahrens, W./Stuik, H.:	**Umgehen (mit) der Endzeitstimmung.** Mülheim: Verlag an der Ruhr 1992.	

Projekt Zeit

Ewig währt am längsten

*"Die Zeit
ist die Larve der Ewigkeit."*
(Andreas Gryphius)

Die Angst vor Sterben und Tod hängt vielleicht auch mit dem Wissen zusammen, daß das Leben auch ohne uns weitergeht. Daß Uhren in Todesstunden berühmter Menschen stehenbleiben, ist eine beliebte Vorstellung. Tröstlich, daß die Zeit steht, wenn sie für den einzelnen Menschen abgelaufen ist? Ein (unendliches, ewiges) Leben nach dem Tod, wie es viele Religionen versprechen, daran kann man glauben, wissen tut das niemand. Selbst Vorstellungen von der Ewigkeit des Weltalls sind in letzter Zeit ins Wanken geraten. Doch von der Ewigkeit zu träumen ist weiterhin erlaubt - und war es immer, wie ein Blick in die Kunst- und Religionsgeschichte beweist.

Ein Teilprojekt für Nachwuchshistoriker, Kunstbegeisterte und Reli-Fans.

Das Wesen der Zeit und ihre Beziehung zu verschiedenen Daseinsformen, einschließlich der physikalischen, war schon lange vor dem 17. Jahrhundert Gegenstand philosophischer Betrachtung gewesen. Insbesondere Thomas von Aquin (1224-1274) hatte sich in seiner *Summa theologica* eingehend mit diesem Thema beschäftigt und zwischen drei Arten von "Zeit" unterschieden. Die Zeit im engeren Sinne betrachtete er als einen durch Anfang und Ende klar umrissenen Zustand der Reihenfolge. Sie gilt nur für irdische Körper und Erscheinungen. Die Ewigkeit, die in ihrer ganzen Fülle zugleich existiert (*total simul*), ist im Wesentlichen "zeitlos" und ausschließlich Gott vorbehalten. Die dritte Vorstellung, die *aevum* genannt wird, geht ursprünglich auf Boethius, einen Philosophen aus dem 6. Jahrhundert, zurück. Sie besitzt wie die Zeit einen Anfang, jedoch im Gegensatz zu ihr kein Ende. Thomas von Aquin betrachtete dies als den "zeitlichen" Zustand der Geistwesen, der Himmelskörper und der Ideen (*archetypum mundum*).
(Gerald J. Whitrow)

Sprach der König: "Die dritte Frage lautet: wieviel Sekunden hat die Ewigkeit?" Da sagte das Hirtenbüblein: "In Hinterpommern liegt der Demantberg, der hat eine Stunde in die Höhe, eine Stunde in die Breite und eine Stunde in die Tiefe; dahin kommt alle hundert Jahre ein Vögelein und wetzt sein Schnäblein daran, und wenn der ganze Berg abgewetzt ist, dann ist die erste Sekunde von der Ewigkeit vorbei."
(Gebrüder Grimm)

Aschoff, J. u.a.: **Die Zeit.** Dauer und Augenblick. München/Zürich: Piper-Verlag 1989.

Aveni, A.: **Rhythmen des Lebens.** Eine Kulturgeschichte der Zeit. Stuttgart: Klett-Cotta-Verlag 1991.

Blumenberg, H.: **Lebenszeit und Weltzeit.** Frankfurt/M.: Suhrkamp-Verlag 1985.

Tholen, G.C. u.a. (Hgg.): **Zeitreise.** Bilder, Maschinen, Strategien, Rätsel. Zürich: Stroemfeld/Roter Stern-Verlag 1993.

Withrow, G.J.: **Die Erfindung der Zeit.** Hamburg: Junius-Verlag 1991.

Projekt Zeit

Zeitmaschinen und Zeitreisen

"Was für ein Unfug mit diesen Zeitreisen."
(H.G. Wells: Die Zeitmaschine)

Ein alter Menschheitstraum: die Zeit zu manipulieren. In unseren Erinnerungen "reisen" wir tagtäglich in die Vergangenheit, im Fernsehen sehen wir bewegte Bilder längst Verstorbener etc. Sicher fallen Euch noch viele weitere Beispiele ein. Wir sind umgeben von Bildern und Tönen aus der Vergangenheit. Literarische "Reisen" in die Vergangenheit sowie entsprechende Filme sind eine reichhaltige Fundgrube.
Was erleben die Zeitreisenden in der Vergangenheit? Auf welche Schwierigkeiten treffen sie dort? Vor allem aber Reisen in die Zukunft, ins absolut Unbekannte, haben die Menschen schon immer in ihren Bann gezogen. Wie wird die Welt einmal aussehen? Wie lebt man in der fernen Zukunft? Was wiederholt sich?
Fabelwesen kämpfen in Ritterrüstungen an Bord lichtschneller Raumschiffe. Schreckensvorstellungen werden in Science-Fiction-Texten und -Filmen ebenso in die Zukunft projiziert wie paradiesische Zustände. Macht Euch auf die Suche nach solchen Zukunftsentwürfen, oder erfindet Euch doch gleich eine eigene Zukunft - mit Euch selbst als Zeitreisenden aus der Gegenwart. Der Phantasie sind keine (zeitlichen und räumlichen) Grenzen gesetzt.
Also ab geht die Reise mit der Zeitmaschine in die 4. Dimension. Am besten setzt man bei Bekanntem an, z.B. H.G. Wells "Die Zeitmaschine" (Buch oder Film): eine Reise ins Jahr 802701! Science und fiction sind die Themen. Literatur, Geschichte, Physik und Mathematik - fächerübergreifendes Denken und Arbeiten ist angesagt. Welche logischen Probleme gibt es bei Reisen in die Vergangenheit (Was passiert z.B. wenn ich einen meiner Urahnen ins Jenseits befördere?), welche physikalischen (erlebe nur ich den Zeitsprung oder die Welt als ganze?)? Sollte man sich vielleicht sogar zweisprachig über Einzelfragen verständigen?

"Wir können uns im Raum bewegen, in der Zeit nicht. Die Zeit ist etwas Sperriges. Sie ist da und schiebt uns wie eine Planierraupe von der Vergangenheit in die Zukunft. Die menschliche Phantasie ist eigentlich das einzige Mittel, dagegen anzugehen und der Zeit ein Schnäppchen zu schlagen."
(Wolfgang Jeschke)

Rod Taylor in George Pals Verfilmung (1959) von: "The Time Machine" (H. G. Wells).

"Die Fotografie befindet sich ewig in der Gegenwart, aber diese Gegenwart ist von Anfang an vergangen."
(Christian Metz)

Projekt Zeit

Zeitmaschinen und Zeitreisen

(Fortsetzung)

"Die wohl banalste, unaufwendigste, gleichwohl unheimlichste und paradoxalste Weise, sich auf eine Zeit-Reise zu begeben, ist, sich dem Sichten eines photographischen Nachlasses zu überlassen."
(Sigrid Schade)

Schülerentwurf für ein Zeit-Projekt.

Titelbild von "Die Zeitmaschine"

Pläne zum Bau einer **Zeitmaschine** billig abzugeben. Offerten unter Chiffre D 03-054289 an Publicitas, Postfach, 4010 Basel.

Basler Zeitung vom 31.10.92

Asimov, I.:	**Der lange Marsch durch die Zeit.** München: Heyne-Verlag 1995.	
Blumenthal, H. u.a.:	**Handbuch für Zeitreisende.** Ein praktischer Reiseführer durch die 4. Dimension. Frankfurt/M.: Fischer-Verlag 1991.	
Haselbach, S.:	**Zeitreisen.** Von Schwarzen Löchern und Möglichkeiten der Zukunft. Hamburg: Byblos-Verlag 1995.	
Wells, H. G.:	**Die Zeitmaschine.** Zürich: Diogenes-Verlag 1985.	
Wells, H. G.:	**The Time Maschine.** Stuttgart: Reclam-Verlag 1991.	

Projekt Zeit

Der Lauf der Zeit

"'Das Gegenwärtige', sagt ein großer Weltweiser, 'von dem Vergangenem geschwängert, gebiert das Künftige'."
(Georg Christoph Lichtenberg)

Vergangenheit, Gegenwart, Zukunft: die drei möglichen Formen der Zeit, wie sie jeder aus drögen Grammatik-Stunden kennt. Past - Present - Future, ... no problem! Oder vielleicht doch? In der Vergangenheit hat man gelebt, in der Gegenwart lebt man, in der Zukunft wird man leben: in unserer alltäglichen Vorstellung drei ziemlich gleich große Zeitzonen. Streng physikalisch (und eigentlich leicht nachvollziehbar) sieht's ganz anders aus. Aber wenn man sich dieses Modell mal genauer auf das alltägliche Leben überträgt, wird einem schon etwas schwindelig.

"Ich lebe in der Gegenwart." - eine banale Aussage, die, so sollte man vermuten, von "gesundem Menschenverstand" zeugt. Doch mit einem Blick auf das abgebildete Schema der Zeit, beginnt man zu zweifeln. Gegenwart hat da gar keine Ausdehnung. Sie ist eigentlich nur ein ständig verschwindender Sekundenbruchteil. Nur ein Zeit-Punkt, an dem sich ständig Zukunft in Vergangenheit verwandelt? Alles klar, oder? Immer wenn man die Gegenwart zu fassen kriegen will, ist sie schon vergangen. Zugegebe, ein diffiziles Teilprojekt. Aber mit ein bißchen Gehirnakrobatik kommt man (mit der Zeit) auch hier der Zeit auf die Schliche. Vielleicht kleidet man das Problem in eine kleine Geschichte, oder wie wär es mit eigenen bildlichen Darstellungsversuchen oder gar plastischen Modellen. Echte Kopfnüsse warten auf Euch! ■

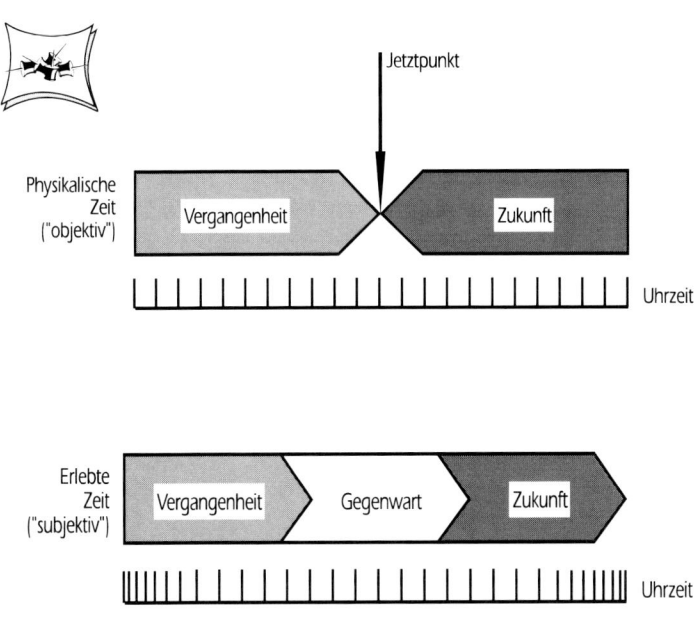

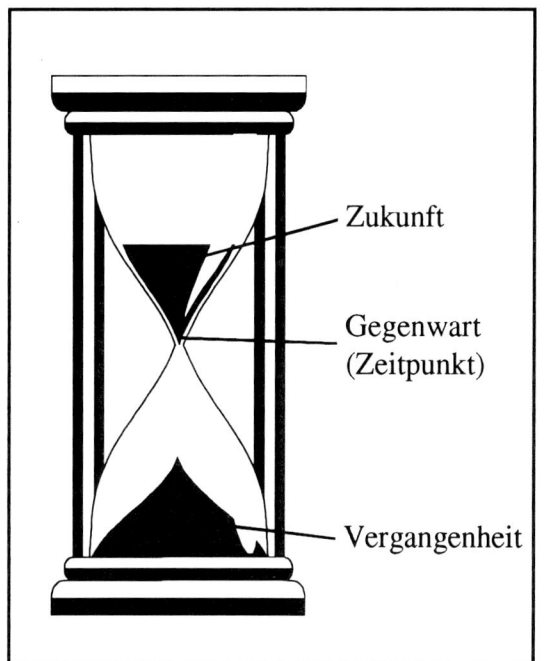

Aschoff, J. u.a.:	**Die Zeit.** Dauer und Augenblick. München: Piper-Verlag 1983.
Fraser, J.:	**Die Zeit.** Auf den Spuren eines vertrauten und doch fremden Phänomens. München: dtv 1992.
Geißler, K.:	**Zeit leben.** Weinheim: Beltz-Verlag 1987.
Hawking, S.W.:	**Eine kurze Geschichte der Zeit.** Die Suche nach der Urkraft des Universums. Reinbek: Rowohlt-Verlag 1988.
Withrow, G.J.:	**Die Erfindung der Zeit.** Hamburg: Junius-Verlag 1991.

Projekt Zeit

Quattro Stagioni

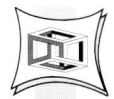

*Wie schön ist der Wechsel der Zeiten,
o Freunde! im wandelnden Jahr!*
(Gedichttext, 19.Jh.)

Endlich mal was Konkretes zum Thema Zeit nach all der hirnverknotenden Relativität. Die vier Jahreszeiten existieren schließlich nicht nur in meiner Vorstellung. Die kann man riechen (wenn's endlich mal wieder nach Sommer oder Schnee "riecht"), sehen (ob es nun früher hell oder dunkel wird), hören (Stichwort: Vivaldi) und sogar schmecken (was hat Pizza eigentlich mit unserem Thema zu tun? Na egal, Hauptsache es schmeckt!).
Und schließlich: Winterfrost, Frühlingsblumen, lange Sommerabende und Herbstlaub - das alles gibt es auch ohne mich und mein (subjektives) Zeitempfinden.
Nichts leichter als eine Tabelle anzulegen, und dort Ereignisse aus der Natur den vier Jahreszeiten zuzuordnen. Doch ein Blick in die Geschichte zeigt, daß auch dieses 4er-Schema nur eine Konvention (eine Festlegung bzw. Übereinkunft) ist. Egal ob mit Tabellen, Musikinstrumenten oder Backrezepten - mit den Jahreszeiten läßt sich so manches machen...

"Die heutige, relativ müßige Vorstellung von einem aus vier Jahreszeiten bestehenden Kalender bezog sich wahrscheinlich zu Anfang auf eine Abfolge von zwei oder drei Jahreszeiten. Zumindest wissen wir, daß im antiken Griechenland der Herbst unbeachtet blieb. Es gab nur Winter, Frühling und Sommer, und diese wurden jeweils mit den Attributen Kälte, Nässe und Trockenheit verknüpft. Die Erntezeit für die Früchte wurde als eigenständige Jahreszeit erst ungefähr zu Homers Zeiten wahrgenommen. Dann symbolisierte sie wie der Frühling einen Übergang zwischen den beiden anderen jahreszeitlichen Extremen. Erst als die vier Jahreszeiten strikt an die beiden Tagundnachtgleichen und die beiden Sonnenwenden geknüpft wurden, die den jährlichen Lauf der Sonne markieren, entwickelten sich die bis heute üblichen vier Jahreszeiten von genau gleicher Länge - die allerdings wenig praktische Bedeutung haben. Fängt die Sommerhitze wirklich, wie der Kalender behauptet, mit dem Ende des Juni an? Schwerlich, da ja in großen Teilen der etwas südlicheren Gefilde die Menschen bereits im April und Mai unter der Sommerhitze stöhnen. Am anderen Extrem der tatsächlichen meteorologischen Skala finden wir den Novemberwinter, der in den meisten nördlichen Klimaten auftritt und nach dem Kalender ein reines Herbstphänomen ist. In Wirklichkeit überschneiden sich die Jahreszeiten, ist die Ereignisfolge, die den Zyklus der Naturerscheinungen ausmacht, von einem Gefühl der Unbeständigkeit begleitet. Manchmal hält die Trockenheit an, bricht der Winter zu früh ein, richten die Frühlingsregen und die Flußüberschwemmungen Verheerungen an. Die Naturvorgänge jahreszeitlich zu organisieren, verleiht uns also nur eine illusorische Macht über den Prozeß."
(Anthony Aveni)

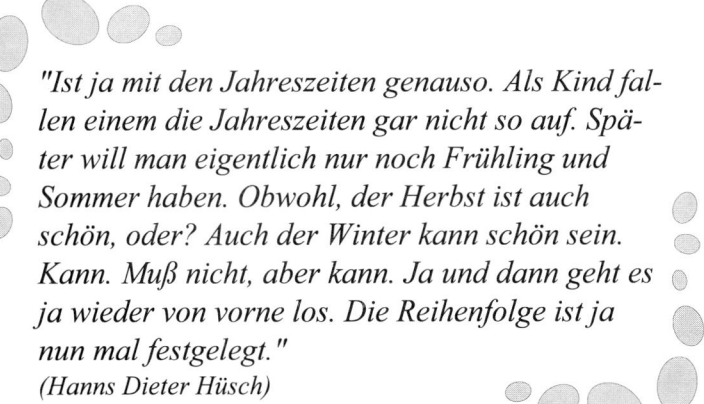

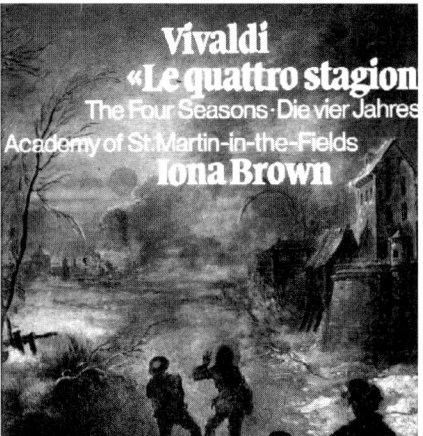

"Ist ja mit den Jahreszeiten genauso. Als Kind fallen einem die Jahreszeiten gar nicht so auf. Später will man eigentlich nur noch Frühling und Sommer haben. Obwohl, der Herbst ist auch schön, oder? Auch der Winter kann schön sein. Kann. Muß nicht, aber kann. Ja und dann geht es ja wieder von vorne los. Die Reihenfolge ist ja nun mal festgelegt."
(Hanns Dieter Hüsch)

3 x Vivaldis "Vier Jahreszeiten"

Projekt Zeit

Quattro Stagioni
(Fortsetzung)

Pizza "QUATTRO STAGIONI"

"Doch obwohl jedes Jahr normalerweise den gleichen Zyklus natürlicher Phänomene durchläuft, lernte der Mensch nur allmählich, die verschiedenen Jahreszeiten zu einer einzigen, klar umrissenen Zeiteinheit zu verbinden. Dieser Schritt gestaltet sich besonders für die in äquatorialen Gegenden lebenden Völker schwierig, wo es zwei sehr ähnliche Halbjahre gibt, von denen jedes seine eigene Saat- und Ernteperiode besitzt. Unter einem Jahr verstand man nämlich ursprünglich eine Vegetationsperiode. [...] Zeitangaben, die auf klimatische oder natürliche Zyklen zurückgehen, sind nur annähernd genau und variieren gewöhnlich von Jahr zu Jahr. Für landwirtschaftliche Zwecke erscheint es häufig wünschenswert, über genauere Zeitangaben zu verfügen. Bereits vor sehr langer Zeit erkannte man, daß die Sterne, insbesondere ihr Auf- und Untergang, eine solche genauere Zeitbestimmung ermöglichten. Die Beobachtung dieser Phänomene stellte keine großen intellektuellen Anforderungen an den Menschen der Frühzeit, der mit der Sonne aufstand und mit ihr zu Bett ging. Die Erfahrung lehrte ihn, welche Sterne im Osten kurz vor der Sonne aufgehen und welche im Westen bei Einbruch der Dämmerung erscheinen und kurz darauf dort untergehen. Diese sogenannten 'heliakischen' Auf- und Untergänge verändern sich mit dem Jahr und können daher leicht zu einzelnen Naturphänomenen in Beziehung gesetzt werden. Die Sterne stellen somit ein jederzeit verfügbares, wesentlich genaueres Hilfsmittel zur Zeitbestimmung dar als jede auf terrestrischen Zyklen beruhende Methode. Ebenso wie die Tageszeit aus der Position der Sonne abgeleitet werden kann, läßt sich die Jahreszeit mit Hilfe der heliakischen Auf- und Untergänge ermitteln. Die Grundlage eines Kalenders ist damit geschaffen. Eine andere, annähernd genaue Form der Zeitbestimmung besteht darin, die Position leicht erkennbarer Sterngruppen wie etwa der Pleiaden zu beobachten."
(Gerald J. Whitrow)

Frühling

Der freudenreiche Frühling ist ins Land gezogen;
Mit fröhlichem Gesang heißen die Vögel ihn willkommen;
Und bei linden Lüften plätschern
die Bäche lieblich dahin.

Der Himmel ist mit schwarzem Mantel verhangen;
Blitze und Donner künden ein Unwetter.
Da es wieder still geworden,
Beginnen die Vögel aufs neue zu singen.

Und auf blumenreicher Matte schläft
Bei zartem Gewoge der Zweige und Blätter
Der Hirte, den treuen Hund zur Seite.

Zu fröhlichen, ländlichen Dudelsackklängen
Tanzen die Nymphen und Hirten in ihrem geliebten Haine,
Wenn der Frühling Einzug hält in all seiner Pracht.

Sommer

Unter der erbarmungslosen Sommersonne
Ermatten Mensch und Herde. Die Pinie glüht,
Der Kuckuck erhebt seine Stimme, und bald
Fallen Turteltauben und Distelfink ein.

Noch weht ein leichtes Lüftchen; doch plötzlich
Braust ihm der heulende Nordwind entgegen;
Und der Hirte weint, da über seinem Haupt
Der drohende Sturm schwebt und sein Schicksal.

Seine müden Glieder sind der Ruhe beraubt
Aus Furcht vor dem Blitz und dem grollenden Donner
Und den wilden Schwärmen der Fliegen und Hornissen.

Ach, seine Ängste sind wohl begründet!
Der Himmel droht mit Donner und Blitz
Und der Hagel mäht die vollen Ähren.

Herbst

Das Landvolk feiert mit Tanz und Gesang
Der reichen Ernte Freuden,
Und vom Nektar des Bacchus berauscht,
Beschließt es sein Fest und schläft.

Alle hören auf zu singen und zu tanzen;
Denn die Luft, jetzt milde, gibt Erquickung,
Und die Jahreszeit lädt viele ein,
Sich des süßen Schlummers zu erfreuen.

In der Dämmerung ziehen die Jäger
Mit Hörnern, Flinten und Hunden aus:
Es flieht das Wild. Sie folgen seine Fährten.

Erschreckt und verängstigt vom schallenden Lärm
Der Gewehre und Hunde, versucht es verwundet
Zu entfliehen; doch stirbt es erschöpft.

Winter

Frierend und zitternd im eisigen Schnee,
In den scharfen Stößen des heulenden Windes;
Stapft man Schritt für Schritt;
Mit klappernden Zähnen durch die Kälte;

Glücklich, zufrieden verbringt den Tag man am Feuer,
Während der Regen draußen jeden durchweicht.
Auf dem Eise geht man mit zögernden Schritten,
Vorsichtig geht man, ängstlich zu fallen.

Wer eilt, gleitet aus und fällt nieder;
Doch immer wieder betritt man das Eis und läuft,
Bis das Eis krachend zersplittert und bricht.

Man hört sie ihr eisenvergittertes Haus verlassen: Schirokko,
Boreas und alle Winde im Kampfe:
Das ist der Winter; und doch beschert er Freuden.
(Antonio Vivaldi)

Projekt Zeit

Quattro Stagioni

(Fortsetzung)

Auf das Wetter ist kein Verlaß. Daran haben wir uns gewöhnt. Aber die Jahreszeiten ... - wer hätte das gedacht? Versuchen wir uns also als Astronomen: Mit Sternenkarten (Sommerhimmel, Winterhimmel), Teleskop und ein wenig metereologischer Geduld (auf wolkenlosen Nachthimmel warten) gerüstet, sollten sich augenscheinliche Belege für den Wechsel der Jahreszeiten ausfindig machen. Wie wär es also mal mit einer nächtlichen Erdkunde- oder Physikstunde? Und wenn wir Hunger kriegen, die passende Pizza - jahreszeitlich belegt - sollten wir uns einfach mal selber backen.

Die Jahreszeiten entstehen durch die unterschiedlichen Einfallwinkel der Sonnenstrahlen. Auf die nördliche Halbkugel fallen sie im Sommer gerade und im Winter schräg. Im Juni erhält das Gebiet nördlich des Äquators mehr Sonnenlicht und damit längere Tage als die Länge südlich des Äquators.

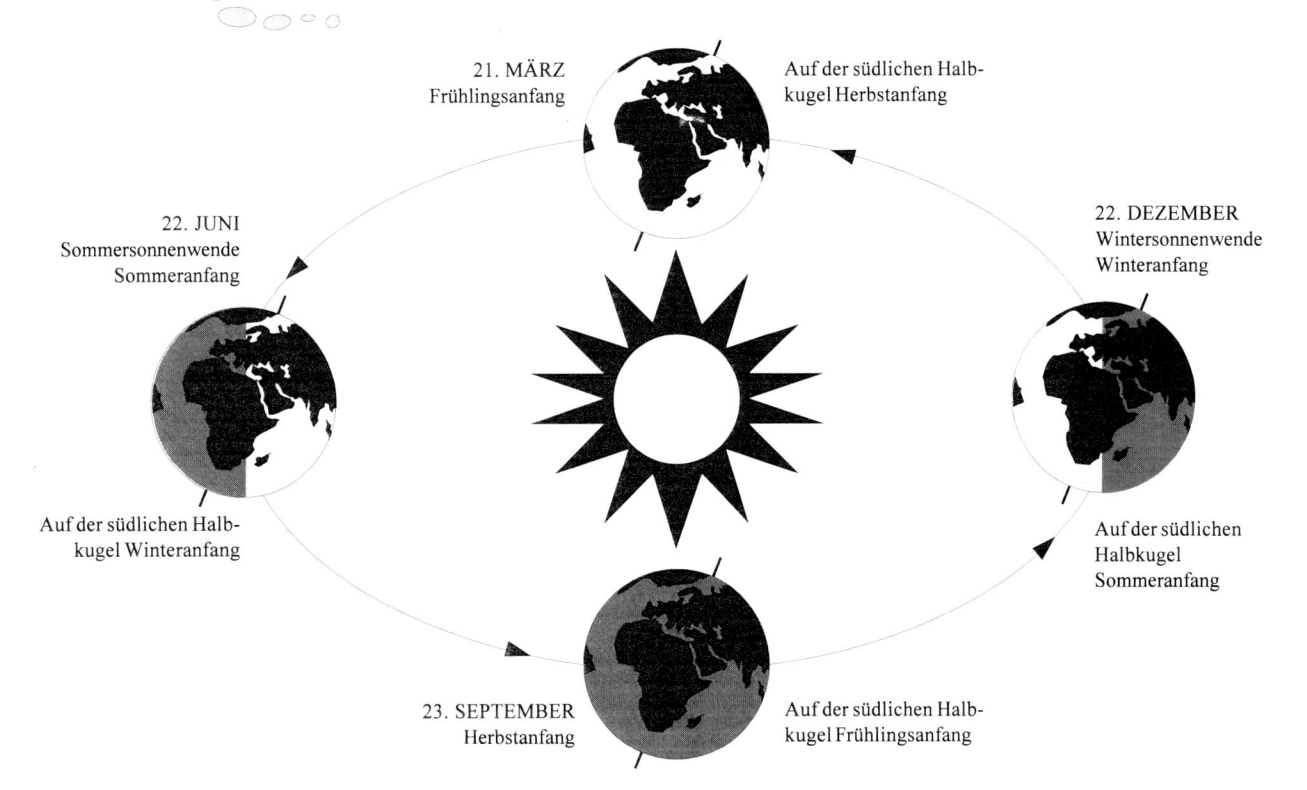

21. MÄRZ
Frühlingsanfang

Auf der südlichen Halbkugel Herbstanfang

22. JUNI
Sommersonnenwende
Sommeranfang

22. DEZEMBER
Wintersonnenwende
Winteranfang

Auf der südlichen Halbkugel Winteranfang

Auf der südlichen Halbkugel Sommeranfang

23. SEPTEMBER
Herbstanfang

Auf der südlichen Halbkugel Frühlingsanfang

Aveni, A.:	**Rhythmen des Lebens.** Eine Kulturgeschichte der Zeit. Stuttgart: Klett-Cotta-Verlag 1991.
Habel, E.:	**Planeten, Sonnen und Galaxien.** Eine unendliche Reise. Mülheim: Verlag an der Ruhr 1990.
Stroppe, W.:	**Tages- und Jahreszeiten.** - In: Praxis Geographie. H. 8/1985, S. 20ff.
Übelacker, E.:	**Unser Sternenhimmel rund ums Jahr.** Niedernhausen: Falken-Verlag 1988.
Whitrow, G.:	**Die Erfindung der Zeit.** Hamburg: Junius-Verlag 1991.

Projekt Zeit

Uhren der Natur?

"Ein jegliches hat seine Zeit, und alles Vornehme unter dem Himmel hat seine Stunde."
(Prediger 2,3)

Alle Uhren gehen anders - Horrorvorstellung jedes Uhrmachers.
In der Natur aber hat jedes Ding seinnen eigenen Lebensrhythmus.

Dieses Teilprojekt zur Biorhythmik umfaßt Beobachtungen und Versuche zum Tagesrhythmus von Mensch, Tier und Pflanze. Etwa:
- Experimente zur Aktivität von Goldhamstern,
- Zeitmessung mit Hilfe der "Vogeluhr",
- tagesperiodische Bewegungen von Pflanzen ("Blumenuhr"),
- tagesrhythmische und andere Phänomene beim Menschen,
- Biorhythmus der Schüler selbst
  (Fragebogen aus Unterricht Biologie, vgl. S. 8)

Eine Reihe von Grenzfragen ergänzt die rein naturwissenschaftliche Arbeit:
Schlafstörungen, Leistungsfähigkeit zu bestimmten Zeiten, Lebensenergiereserven usw.

"Die geophysikalischen Zyklen unseres Erde-Sonne-Mond-Systems, die tägliche Rotation der Erde um ihre Achse (Tag Nacht), die jährliche Wanderung um die Sonne (Jahreszeiten) und das monatliche Kreisen des Mondes um die Erde (Gezeiten) sind die wichtigsten Rhythmen, an denen Zeiterleben festgemacht wird. Das Leben auf der Erde hat sich dieser kosmischen Ordnung angepaßt - auch der Mensch lebt mit ihr. Heutzutage ist dies jedoch nurmehr wenig spürbar."
(Karlheinz Geißler)

Um die Gangggenauigkeit einer Uhr zu kontrollieren, kann man sichdes Sternenhimmels bedienen: An zwei aufeinanderfolgenden Abenden vergleicht man, wann ein Stern einen bestimmten Punkt erreicht, wann er zum Beispiel hinter einem Schornstein verschwindet. Geht die Uhr genau, muß sie anzeigen, daß dieser Zeitpunkt von Tag zu Tag 3, 56 Minuten früher eintritt.

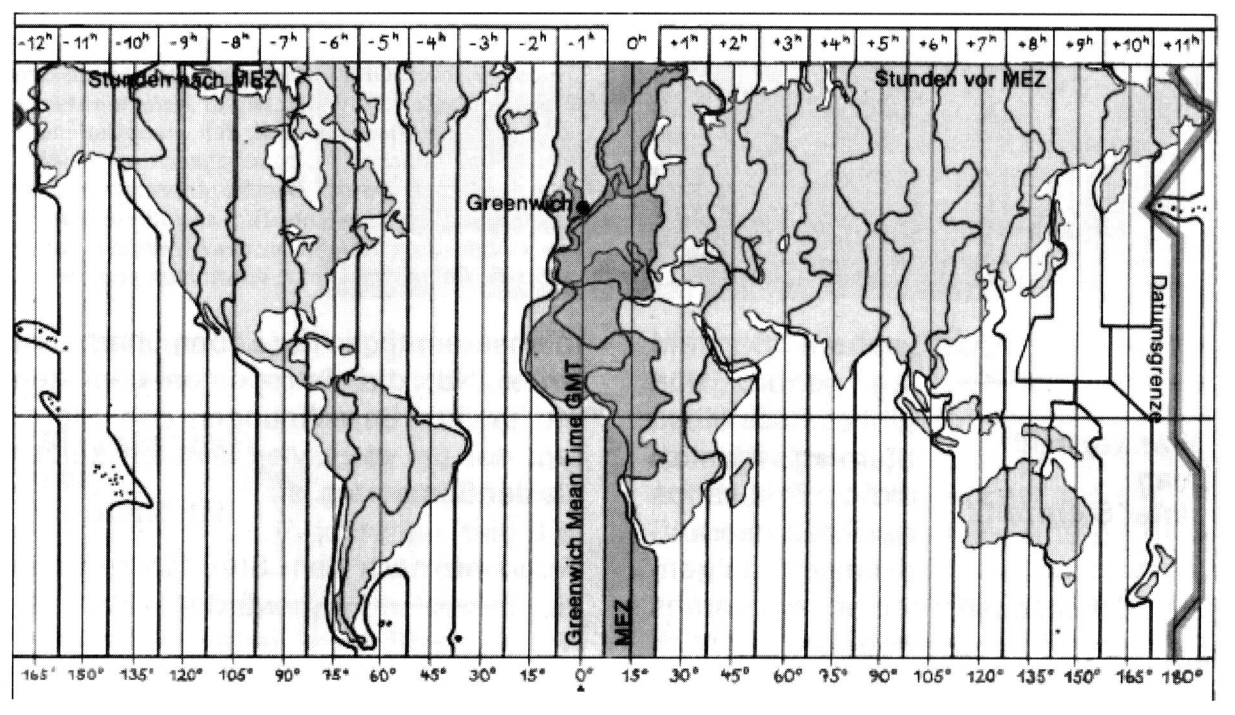

Projekt Zeit

Uhren der Natur?
(Fortsetzung)

Die Gezeiten/"Tiden"

Hochwasser treten auf beiden Seiten der Erde gleichzeitig ein. Infolge der Anziehungskraft des Mondes schwellen die Wassermassen auf der ihm zugewandten Seite der Erde an. Auf der entgegengesetzten Seite gibt es gleichzeitig eine zweite Flutwelle. Die Hochwasserzeiten ändern sich mit jedem Tag entsprechend der Bewegung des Mondes um die Erde. Die Hochwasser treten im Schnitt alle 12 Std. 25 min. auf.

"Anfang der fünfziger Jahre holten Biologen aus dem Hafenbecken von New Haven etwa ein Dutzend Austern und verfrachteten sie an die Northwestern University in Illinois, um dort Forschungen an ihnen zu treiben. Die Austern wurden in Wasser aus ihrem Heimathafen eingesetzt und in absoluter Dunkelheit gehalten. Um ihr Freßverhalten zu studieren, brachten die Forscher an den Schalen feine Fäden an, durch die jedesmal, wenn die Austern ihre Muskeln betätigten, um die Schalen auf- oder zuzuklappen, eine Aufzeichnungsapparatur in Gang gesetzt wurde. Ganz wie erwartet, öffneten und schlossen die Austern ihre Schalen, als lägen sie nach wie vor geborgen auf dem Grund ihres Heimathafens, obwohl sie tatsächlich doch in eine andere Zeitzone, 1500 Kilometer weiter westlich verpflanzt worden waren. Dann, nach etwa zwei Wochen, geschah etwas Merkwürdiges. Nach und nach kam es zu einer Abweichung des Zeitpunkts, an dem die Schalen jeden Tag am weitesten geöffnet waren. Nun weiß jeder, der in Küstennähe lebt, daß die Hoch- und Niedrigwasserstände sich von einem Tag zum nächsten allmählich verschieben. Die Gezeiten richten sich zeitlich nicht nach dem Stand der Sonne, sondern vielmehr nach dem Fahrplan des Mondes, und dessen Umlaufbahn dauert etwa 50 Minuten und acht Zehntel einer Stunde länger als die der Sonne. Im Durchschnitt treten die Hoch- und Niedrigwasserstände des Meers jeden Tag knapp eine Stunde später auf. Wir würden demnach erwarten, daß alle Austern sich in einem Zeitrahmen von 24,8 Stunden öffneten und schlossen. Aber die Biologen beobachteten eine tägliche Abweichung, die einem anderen Takt entsprach. Nachdem sie vier Wochen lang Aufzeichnungen gemacht und die Daten analysiert hatten, stand unzweifelhaft fest, daß die Austern das rhythmische Öffnen und Schließen ihrer Schalen neu eingestellt hatten, und zwar auf den Gezeitenzyklus, wie er in Evanston in Illinois ablaufen würde, gäbe es dort einen Ozean! [...] Es war, als hätten sie nach und nach ihren Lebensrhythmus so umgestellt, daß er dem Stand des Mondes über der Northwestern University statt über dem Hafen von New Haven entsprach. Konnten diese niederen Lebewesen tatsächlich durch die abgedichteten Wände des Laboratoriums hindurch die Gegenwart des Mondes spüren? (man sollte darüber nachdenken, wenn man das nächste Mal die Austern auf seinem Teller mit Zitrone traktiert!)"
(Anthony Aveni)

Tag	Datum	Hochwasser	Niedrigwasser	Badezeiten	Sonnenaufgang	Sonnenuntergang
Sa	01.05.93	07.08 Uhr	13.14 Uhr		05.55 Uhr	21.02 Uhr
So	02.05.93	08.29 Uhr	14.43 Uhr		05.53 Uhr	21.04 Uhr
Mo	03.05.93	09.42 Uhr	15.58 Uhr		05.51 Uhr	21.06 Uhr
Di	04.05.93	10.40 Uhr	17.00 Uhr		05.49 Uhr	21.08 Uhr
Mi	05.05.93	11.32 Uhr	17.55 Uhr		05.47 Uhr	21.09 Uhr
Do 2 ○	06.05.93	12.21 Uhr	18.46 Uhr		05.45 Uhr	21.11 Uhr
Fr	07.05.93	13.04 Uhr	07.10 Uhr		05.43 Uhr	21.13 Uhr
Sa	08.05.93	13.45 Uhr	07.52 Uhr		05.42 Uhr	21.15 Uhr
So	09.05.93	14.26 Uhr	08.32 Uhr		05.40 Uhr	21.17 Uhr
Mo	10.05.93	15.07 Uhr	09.10 Uhr		05.38 Uhr	21.18 Uhr
Di	11.05.93	15.46 Uhr	09.46 Uhr		05.36 Uhr	21.20 Uhr
Mi	12.05.93	16.27 Uhr	10.20 Uhr		05.34 Uhr	21.22 Uhr
Do 3 ☾	13.05.93	17.14 Uhr	10.58 Uhr		05.32 Uhr	21.23 Uhr
Fr	14.05.93	18.13 Uhr	11.51 Uhr		05.31 Uhr	21.25 Uhr
Sa	15.05.93	19.23 Uhr	13.00 Uhr	15.00-18.00 Uhr	05.29 Uhr	21.27 Uhr
So	16.05.93	08.15 Uhr	14.18 Uhr	15.30-18.00 Uhr	05.27 Uhr	21.29 Uhr
Mo	17.05.93	09.19 Uhr	15.27 Uhr	08.00-09.15 Uhr 17.00-18.00 Uhr	05.26 Uhr	21.30 Uhr
Di	18.05.93	10.09 Uhr	16.21 Uhr	08.00-10.00 Uhr	05.24 Uhr	21.32 Uhr
Mi	19.05.93	10.51 Uhr	17.07 Uhr	08.00-10.45 Uhr	05.23 Uhr	21.33 Uhr
Do	20.05.93	11.32 Uhr	17.52 Uhr	08.00-11.30 Uhr	05.21 Uhr	21.35 Uhr
Fr 0 ●	21.05.93	12.11 Uhr	18.36 Uhr	08.00-12.00 Uhr	05.20 Uhr	21.37 Uhr
Sa	22.05.93	12.49 Uhr	19.16 Uhr	08.45-12.45 Uhr	05.18 Uhr	21.38 Uhr
So	23.05.93	13.25 Uhr	19.55 Uhr	09.15-13.15 Uhr	05.17 Uhr	21.40 Uhr
Mo	24.05.93	14.03 Uhr	08.05 Uhr	10.00-14.00 Uhr	05.16 Uhr	21.41 Uhr
Di	25.05.93	14.42 Uhr	08.44 Uhr	10.30-14.30 Uhr	05.14 Uhr	21.43 Uhr
Mi	26.05.93	15.22 Uhr	09.22 Uhr	11.15-15.15 Uhr	05.13 Uhr	21.44 Uhr
Do	27.05.93	16.06 Uhr	10.04 Uhr	12.00-16.00 Uhr	05.12 Uhr	21.45 Uhr
Fr 1 ☽	28.05.93	16.57 Uhr	10.51 Uhr	12.45-16.45 Uhr	05.11 Uhr	21.47 Uhr
Sa	29.05.93	17.59 Uhr	11.49 Uhr	13.45-17.45 Uhr	05.10 Uhr	21.48 Uhr
So	30.05.93	19.08 Uhr	12.59 Uhr	15.00-18.00 Uhr	05.09 Uhr	21.49 Uhr
Mo	31.05.93	08.03 Uhr 20.20 Uhr	14.14 Uhr	16.00-18.00 Uhr	05.08 Uhr	21.51 Uhr

0 = Neumond   1 = Erstes Viertel   2 = Vollmond   3 = Letztes Viertel

Ausschnitt des Tidenkalenders der Insel Juist

Projekt Zeit

Uhren der Natur?
(Fortsetzung)

Versuchspersonen, die sich bereit erklärten, mehrere Wochen von der Außenwelt völlig abgeschirmt, ohne jede Zeitkontrolle in einer Art Versuchsbunker zu leben, veränderten ihren gewohnten Tagesrhythmus auf bemerkenswerte Weise. Ihr Tagesrhythmus nahm nach einiger Zeit statt des gewohnten 24-Stunden-Taktes einen annähernd 25 Stunden dauernden Takt an. Eine Person X z.B. hatte bislang 7 Stunden geschlafen und 17 Stunden gewacht. Person Y dagegen hatte durchschnittlich 8,5 Stunden geschlafen und 15,5 Stunden gewacht. Im Laufe des Experiments verfielen X und Y (wie alle anderen Testpersonen) in einen einheitlichen Schlaf/Wachen-Rhythmus von insgesamt 25 Stunden (z.B. 8 Std. Wachen/17 Std. Schlafen).

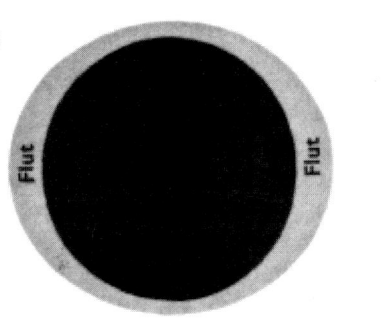

"Mit den Hühnern ging man schlafen und stand auch beim ersten Hahnenschrei wieder auf. Man versuchte nicht, wie heute mit Hilfe von künstlichem Licht, den Schlaf der Hühner zu reduzieren, anstatt ihnen vielleicht anstatt einem zwei Eier abzuringen; man orientierte sich an den Hühnern und auch am eigenen Körper."
(Karlheinz Geißler)

Aveni, A.: **Rhythmen des Lebens.** Eine Kulturgeschichte der Zeit. Stuttgart: Klett-Cotta-Verlag 1991.

Aschoff, J.: **Die Zeit.** Dauer und Augenblick. München/Zürich: Piper-Verlag 1989.

Geißler, K.: **Zeit Leben.** Weinheim: Beltz-Verlag 1987.

Habel, E.: **Planeten, Sonnen und Galaxien.** Eine unendliche Reise. Mülheim: Verlag an der Ruhr 1990.

Liberty, G.: **Die Zeit.** Nürnberg/Hamburg: Tessloff-Verlag 1982.

Projekt Zeit

Zeit und Raum

*"Zeit und Raum sind nicht Sachen,
sondern Anordnungen von Sachen."*
(Gottfried Wilhelm von Leibniz)

Ohne Raum ist Zeit nicht vorstellbar - egal ob Euer Zimmer oder der Weltraum. Irgend etwas bewegt sich, eine Anordnung von Sachen in einem Raum verändert sich - egal ob ein Blatt vom Baum fällt, irgend jemand aufsteht, der Sekundenzeiger weiterspringt, nur ein Luftstrom vorbeizieht oder eine Körperzelle sich verändert ... Bewegte sich nichts, so stünde die Zeit still. Aber da selbst die Atome in ständiger Bewegung sind, ist das unmöglich. "Alles ist im Fluß", erkannte schon der griechische Philosoph Heraklit vor mehr als 2000 Jahren. Wir leben in der dritten Dimension (Raum) und die Zeit ist - wie man sagt - die vierte Dimension.

Raum und Zeit sind also in sich verschmolzene Größen. Das ist eine ganz alltägliche Beobachtung, etwa wenn ich sage: "Er wohnt nur eine halbe Stunde von der Schule entfernt". Oder wenn man die Geschwindigkeit in Kilometern pro Stunde berechnet. Sicher fallen Euch noch weitere Beispiele zum Thema "Zeit und Raum" ein. ■

Uhren-Werbung

REISE UM DIE ERDE IN 80 TAGEN

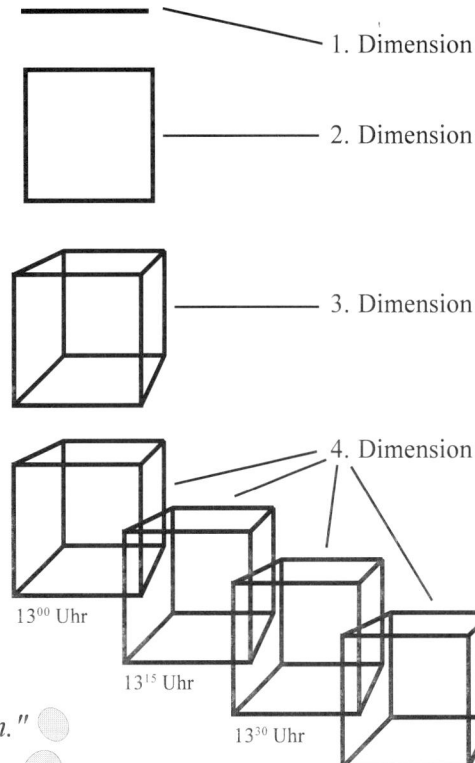

1. Dimension
2. Dimension
3. Dimension
4. Dimension

13^{00} Uhr
13^{15} Uhr
13^{30} Uhr
13^{45} Uhr

"Space is a still of time, while time is space in motion."
(Christopher R. Hallpike)

Aschoff, J.:	**Die Zeit.** Dauer und Augenblick.	
	München/Zürich: Piper-Verlag 1989.	
Cortázar, J.:	**Reise um den Tag in 80 Welten.**	
	Frankfurt/M.: Suhrkamp-Verlag 1980.	
Karamanilos, S.:	**Einstein für Anfänger.**	
	Neubiberg: Elektra-Verlag 1992.	
Kiekeben, D.:	**Mit der Trägheit durch den Raum und die Zeit.**	
	Neuhausen: Urania-Verlag 1990.	
Verne, J.:	**Reise um die Erde in achtzig Tagen.**	
	Zürich: Diogenes-Verlag 1986.	

Projekt Zeit

Kalendergeschichten

" 'Des Menschen Leben währet 70 Jahre?'
- sagen wir: 25000 Julianische Tage."
(Arno Schmidt)

Julianischer Kalender, Gregorianischer Kalender, Jüdischer Kalender, Mohammedanischer Kalender, Sonnenkalender, Mondkalender, Bauernkalender, Weltkalender, elektronischer Kalender - wer kennt sich mit der Zeitrechnung wirlich aus? Stonehenge in Südengland fällt uns ein, und schon befinden wir uns auch bei der Beschäftigung mit Kultplätzen, Sonnen- und Mondanbetern und merkwürdigen Ritualen.

Ein auf den ersten Blick "trockener" Stoff erweist sich bei genauerem Hinsehen als äußerst facettenreich und ergiebig für ein fächerübergreifendes Projekt. Rationales (Physik, Astronomie) geht eine interessante Verbindung mit Mythologischem ein. ∎

"Kalender: (lat.), die Einteilung großer Zeitabschnitte mit Hilfe astronomisch definierter Zeiteinheiten. Verzeichnis der nach Wochen und Monaten geordneten Tage eines Jahres, oft mit Angaben z.B. über Himmels-, Erd- und Wetterkunde. Der erste Einjahres-K. wurde 1455 von Gutenberg herausgegeben."
(Meyers Taschenlexikon)

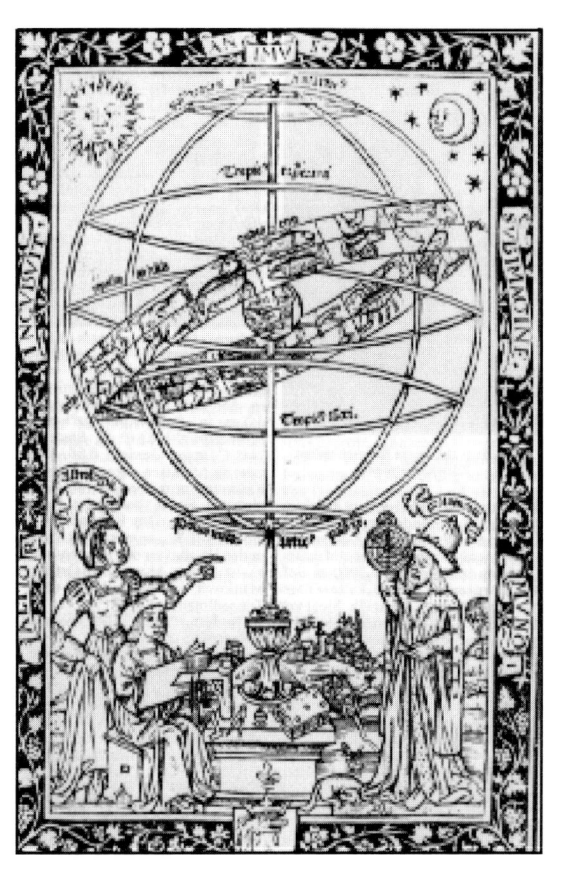

"Kalender: von lat. Kalendae 'der erste Monatstag' (Zahltag), nach astronomischen Beobachtungen angelegte tabellarische Einteilung der Zeit in Jahre, Monate und Tage; nur in den Hochkulturen bekannt; ältester K. in Ägypten 2770 v. Chr. Die Schwierigkeit, K. aufzustellen, besteht darin, daß weder die Länge des Monats noch die des Jahres ein ganzzahliges Vielfaches von Tagen ist. Fast alle älteren K. nehmen das Mondjahr (12 Monate) als größere Einheit und teilen dieses in 6 Monate zu je 29 und 6 Monate zu je 30 Tagen ein. Ein Ausgleich muß durch Schalttage (im Altertum auch Schaltmonate) erzielt werden; so z.B. der islamische K., dessen Zeitrechnung mit der Flucht Mohammeds aus Mekka (Hedschra) am 16. Juli 622 n. Chr. beginnt. Doch hat das Mondjahr den Nachteil, daß es etwa 11 Tage kürzer ist als das Sonnenjahr, wodurch sich der Jahresbeginn im Laufe der Jahre rückwärts durch alle Jahreszeiten bewegt. Grundlage unseres K. ist das Sonnenjahr, das sich bei den Römern aus einer Anpassung des Mondjahres an das Sonnenjahr (Lunisolarjahr) entwickelte. Unter Verzicht auf eine Abhängigkeit von den Mondphasen wurde von Julius Cäsar nach ägyptischem Vorbild eine K.-Reform durchgeführt (Julianischer Kalender), die das Jahr in 365 Tage teilte und alle vier Jahre einen Schalttag hinzufügte (durchschnittl. Jahreslänge 365,24 Tage). Die von Papst Gregor XIII durchgeführte K.-Reform (1582) paßte die zu große Jahreslänge des Julianischen Jahres noch mehr der Länge des trop. Jahres an. Das Julianische Datum (J.D.), 1583 nach J. Scaliger benannt, zählt einfach die Tage ab 1. Januar 4713 v. Chr. 12 Uhr Weltzeit bis zum gesuchten Datum durch:
z.B. 1.1.74 = 2442049 J.D.; es wird vor allem für astronomische Zwecke verwendet. Vgl. auch jüdischer Kalender."
(Fischer Lexikon)

Kalendergeschichten
(Fortsetzung)

Tage

Römer	Germanen	englisch	deutsch
Dies Solis	Tag der Sonne	Sunday	Sonntag
Dies Lunae	Tag des Monds	Monday	Montag
Dies Martis	Tag des Tiu	Tuesday	Dienstag
Dies Mercurii	Tag des Wotan	Wednesday	Mittwoch
Dies Jovis	Tag des Thor	Thursday	Donnerstag
Dies Veneris	Tag der freia	Friday	Freitag
Dies Saturni	Tag der Seterne	Saturday	Samstag

"Der islamische Kalender ist einer der wenigen erhaltenen reinen Mondkalender. Das Jahr ist um etwas mehr als zehn Tage kürzer als das tropische Jahr bzw. das Jahr der Jaherszeiten. (...) Der zentrale Augenblick im islamischen Leben ist das Erscheinen des Neumonds, der von zwei "Zeugen des Augenblicks" erwartet und bestätigt wird. Der "vollkommene Augenblick" ist indes die Stunde des jüngsten Gerichts, denn der "Zeuge" dieses Zeitpunkts ist der göttliche Richter selbst."
(Gerald J. Whitrow)

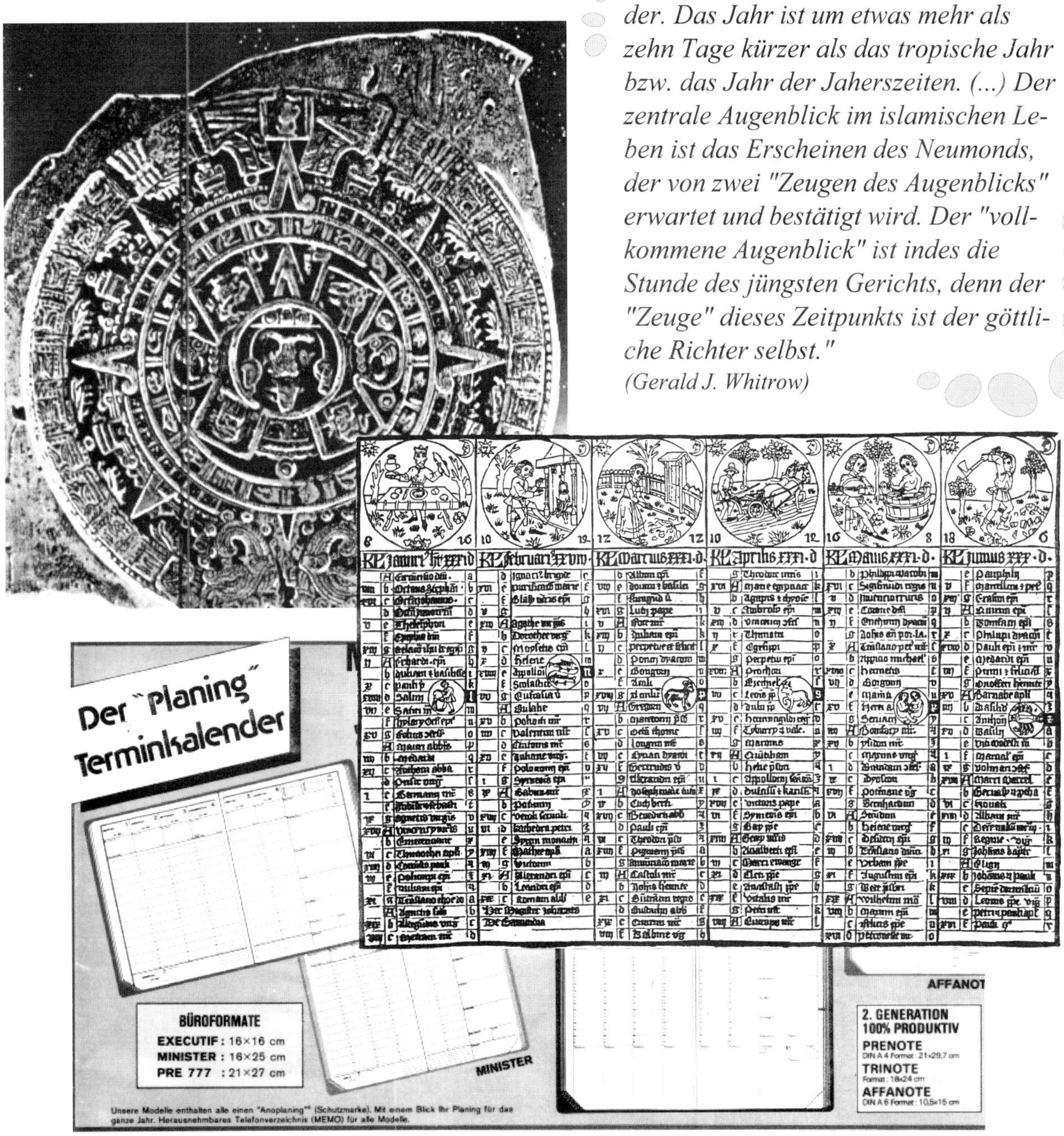

Projekt Zeit

Kalendergeschichten
(Fortsetzung)

Christentum	Judentum	Islam	Buddhismus
1986			2529
1987	5745	1405	2530
1988	5746	1406	2531
1989	5747	1407	2532
1990	5748	1408	2533
1991	5749	1409	2534
1992	5750	1410	2535

So sahen z.B. die islamischen Monate des Jahres 1991 n. Chr. aus:

Radschab 30 Tage
17.1. - 15.2.

Schaban 29 Tage
16.2. - 16.3.

Ramadan 30 Tage
17.3. - 15.4.
Fastenmonat

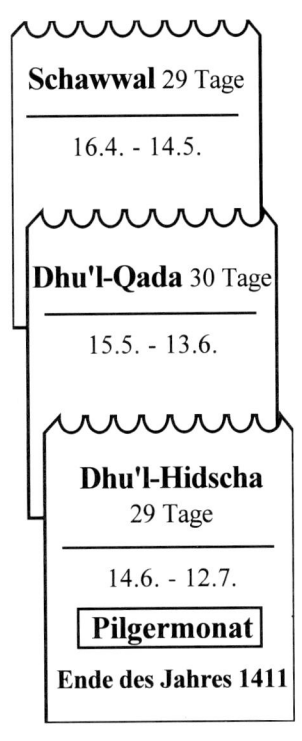

Schawwal 29 Tage
16.4. - 14.5.

Dhu'l-Qada 30 Tage
15.5. - 13.6.

Dhu'l-Hidscha 29 Tage
14.6. - 12.7.
Pilgermonat
Ende des Jahres 1411

Muharram 30 Tage
13.7. - 11.8.
Beginn des Jahres 1412

Safar 29 Tage
12.8. - 9.9.

Rabi I 30 Tage
10.9. - 9.10.

Rabi II 29 Tage
10.10. - 7.11.

Dschumada I 30 Tage
8.11. - 7.12.

Dschumada II 29 Tage
8.12. - 5.1.

Aveni, A.: **Rhythmen des Lebens.** Eine Kulturgeschichte der Zeit. Stuttgart: Klett-Cotta-Verlag 1991.

Geißler, K.: **Zeit leben.** Weinheim: Beltz-Verlag 1987, S. 49ff.

Liberty, G.: **Die Zeit.** Nürnberg/Hamburg: Tessloff-Verlag 1982.

Schmidt, A.: **Aus julianischen Tagen.** Frankfurt/M.: Fischer-Verlag 1979.

Whitrow, G.J.: **Die Erfindung der Zeit.** Hamburg: Junius-Verlag 1991, S. 103ff.

Die Zeit vermessen

"Wie kann man etwas messen, das man weder sehen noch fühlen kann?"
(Norbert Elias)

Uhrmacherwerkstatt, Uhrenfabrik, Uhrenmuseum - das sind Orte, an denen man sich allgemein mit Uhren vertraut machen kann. Daneben gibt es inzwischen einen regelrechten Uhrentourismus. Immerhin ein Beleg dafür, daß das Thema Zeit "in" ist.

"Auf den Spuren der Zeit" werden Besichtigungen von alten Turmuhren organisiert, werben Fremdenverkehrsorte mit Sonnenuhren angesteuert.

Der Sammelwut sind auch in diesem Teilprojekt keine Grenzen gesetzt: mechanische Uhren, Quartzuhren, Automatikuhren, Standuhren, Stoppuhren, Kuckucksuhren, Eieruhren usw. Wie wäre es mit einer richtigen Uhrenausstellung (dazu noch Fotos von Bahnhofs- und Kirchturmuhren). Vielleicht sogar mit selbst erfundenen und konstruierten Zeitmessern.

Eine individuelle Uhr zu bauen, um sich und anderen damit eine Freude zu machen, ist sicherlich ein lohnenswertes Unterfangen. Uhren reparieren zu lernen, kann im Leben manche Mark sparen helfen.

Die Installation einer großen Sonnenuhr an der Außenwand der Schule wäre ein sichtbares und bleibendes Zeichen des Zeitprojekts. ■

Die Zifferblätter unserer Uhren zerlegen den Tag in 2 mal 12 (analog) oder 1 mal 24 (digital) Einheiten. Ob mechanisch, automatisch, quartzgenau oder gar funkgesteuert - sie folgen alle der Erdrotation: In 24 Stunden dreht sich die Erde einmal um sich selbst. Den Zusammenhang von Sonnenstand und Uhrzeit kann man natürlich am besten mit einer Sonnenuhr überprüfen.

ANALOG — DIGITAL

Der Krieg als Vater aller Dinge?
Die Geschichte der Armbanduhr

"Eine der gesellschaftlichen Auswirkungen des Ersten Weltkriegs war die zunehmende Verbreitung von Armbanduhren. Viele Männer hatten nämlich ihr ursprüngliches Vorurteil, daß Armbanduhren nicht männlich seien, revidiert, nachdem sie zur militärischen Standartausrüstung gehörten. So begann die Schlacht an der Somme damit, daß Hunderte von Zugführern nach einem Blick auf ihre synchronisierten Armbanduhren gleichzeitig das Signal zum Angriff gaben."
(Gerald J. Withrow)

Schon sind die Bedienungen hinter den vielen tausend Geschützen angetreten, schon sind die Rohre haarscharf gerichtet, schon die Bahnen der Geschosse bestimmt. Ich fühle, daß ich am ganzen Körper zittere und daß mir das Herz bis zum Halse schlägt. Unten werden die Minuten gezählt. Jetzt ist es 5.04 Uhr. Streichhölzer flammen auf. Wir müssen sehen, wie der Sekundenzeiger seine letzte Wanderung beginnt. Und jetzt ist es 5.05 Uhr.
(Ernst Jünger)

Atomuhr CS 1

Die größte Sonnenuhr der Welt in Dschaipur (Indien) erbaut 1728

Projekt Zeit

Die Zeit vermessen
(Fortsetzung)

Das Bemühen des Menschen, die verrinnende Zeit zu messen, ist uralt:

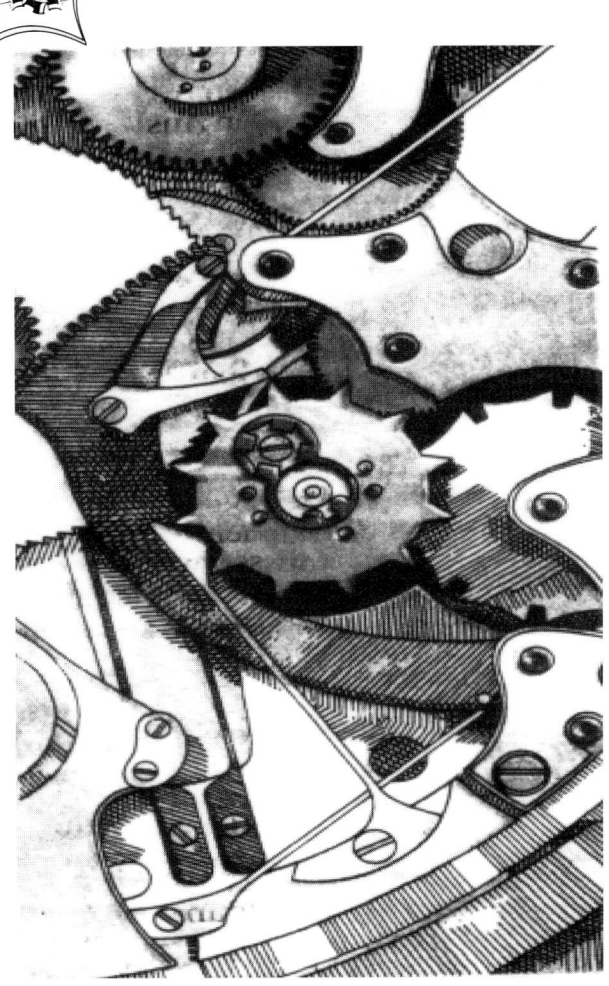

"Mit der Erfindung der Räderuhr (mit Gewicht und Hemmung) um die Wende des 12. zum 13. Jahrhunderts setzte eine an der Mechanik orientierte Zeitmessung ein. Die Zeit, die bisher durch den gleichmäßigen Verlauf der Sonne, das gleichmäßige Tropfen des Wassers oder des Sandes in einen engen Zusammenhang mit diesen natürlichen Bewegungen gebracht wurde, konnte nun in einzelne Schritte, in objektive Gelegenheiten zerlegt werden. Dies führte zu einem auf Fristen bezogenen Zeitbewußtsein. [...] Um 1500 war die mechanische Zeit und die Gewöhnung der Städter daran soweit fortgeschritten, daß man nicht mehr nur nach Stunden, sondern in verfeinerter Form planen und rechnen wollte und mußte - daher wurden an den Turmuhren Minutenzeiger befestigt. [...] 1510 erfindet Peter Henlein die 'Unruhe' mit Spirale. Um 1580 entdeckt Galilei die Pendelgesetze (Veröffentlichung erst 1632) und 1658 kombiniert Huyghens das Vertikalpendel, später die Spiralfeder mit der Räderuhr. [...] Eine weitere Sensibilisierung des Zeitempfindens - auch für kleinste Teile - bringt die Erfindung und Einführung des Sekundenzeigers (17. Jahrhundert). Kaufleute, Staatsmänner und Militärs förderten die Verfeinerung des mechanischen Instrumentes 'Uhr' entscheidend, primär aus ihren Interessen heraus, Planung und Kontrolle zu optimieren. Es wird 'fort-geschritten'. Die Zeit wird zunehmend unabhängiger und distanzierter von den Inhalten des Lebens und der Erfahrung. Sie wird zerteilt und zerstückelt - und damit ökonomisch besser nutzbar. Natürliche Rhythmen als Bezugspunkt werden vom 'Zeittakt' abgelöst."
(Karlheinz Geißler)

Astronomische Uhr

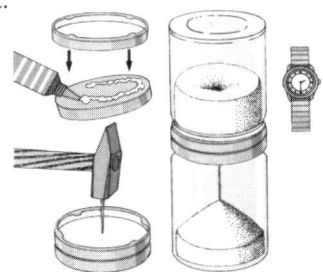

Aus zwei Marmeladengläsern läßt sich eine einfache Sanduhr herstellen. Die Sandmenge für eine bestimmte Zeit wird mit Hilfe einer normalen Uhr bestimmt.

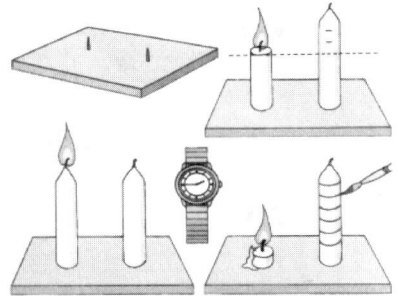

Wenn man mißt, wieviel Zentimeter eine Kerze in einer bestimmten Zeit abbrennt, und dieses Maß auf eine andere Kerze gleicher Stärke überträgt, so hat man eine relativ genaue Kerzenuhr.

Projekt Zeit

Die Zeit vermessen

(Fortsetzung)

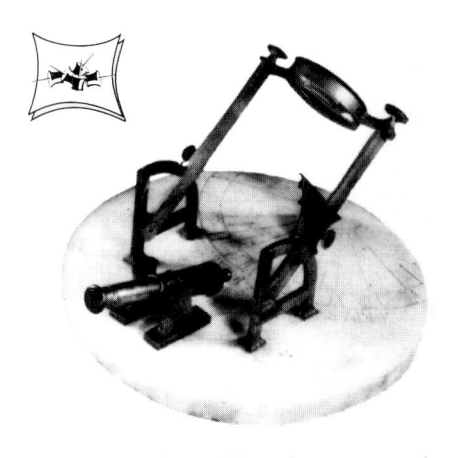

Die Sonnenuhr mit Mittagskanone entstand um 1750: Pünktlich um 12 Uhr fielen die Sonnenstrahlen durch das Brennglas auf das Zündloch der Kanone, deren Knall die Mittagszeit anzeigte.

Zeitmesser läuft auf der Basis von Cäsium-Atomen
Die neue Laser-Uhr tickt eine Millionen Jahre genau

Im US-Staat Colorado läuft eine Atomuhr, die in einer Millionen Jahren um nur eine Sekunde nachgeht. Die laserbetriebene "NIST-7" ist nach Angaben des Instituts für Normen und Technologie (NIST) in Boulder der genaueste Zeitmesser der Welt.

Eingesetzt werden soll die Laser-Uhr für Digitalübertragungen in der Seefahrt und Telekommunikation, wo es auf genaueste Zeitmessung ankommt. NIST-7 erzeugt Schwingungen mit Hilfe von Cäsium-133-Atomen. Die Vorgängeruhr NIST-6, die 1975 installiert wurde, idst in 300 000 simulierten Jahren eine Sekunde von der Zeit abgewichen. Trotz der Genauigkeit ihrer neuesten Kreation wollen NIST-Forscher an Verbesserungen arbeiten, die die Uhr in drei Millionen Jahren auf die Sekunde genau laufen lassen.

aus NRZ vom 9.5.1993

Weltzeituhr-Werbung

Nur der kleine Kreis der Uhr an meinem Handgelenk ist noch von Wiklichkeit.
(Ernst Jünger)

Ein Gewirr von Zurufen, mehr geahnt als gehört, steigt aus der Menschenmenge auf. Nur Ruhe, gleich ist es soweit! Der Sekundenzeiger, dieses kleinste Stückchen Stahl in diesem stählernen Meer, macht seine letzte Tour.
(Ernst Jünger)

Adzema, R./u.a.: **Sonnenuhr selberbauen.** Mit 16 Modellbögen. München: Hugendübel-Verlag 1990.

Aveni, A.: **Rhythmen des Lebens.** Eine Kulturgeschichte der Zeit. Stuttgart: Klett-Cotta-Verlag 1991.

Geißler, K.: **Zeit leben.** Weinheim: Beltz-Verlag 1987.

Jünger, E.: **Tagebücher.** Band 1: Der Erste Weltkrieg. (= Sämtliche Werke, Bd. I.) Stuttgart: Klett-Cotta-Verlag 1978, S. 439ff.

Liberty, G.: **Die Zeit.** Nürnberg/Hamburg: Tessloff-Verlag 1982.

Projekt Zeit

Zeit ist relativ

"Von Mitternacht zu Mitternacht ist gar nicht '1 Tag', sondern '1440 Minuten' (und von diesen wiederum sind höchstens 50 belangvoll!)."
(Arno Schmidt)

Daß die Zeit im Empfinden jedes einzelnen unterschiedlich schnell vergeht (und das ist bei jedem selbst wiederum Sache der Tagesform), zeigen alltägliche Bemerkungen wie: "Das kam mir aber viel länger vor" (z.B. wenn man warten mußte) oder "Die Zeit verging wie im Flug" (z.B. im Urlaub). Und oft vergeht die Zeit tatsächlich im Flug schneller, als man glaubt ...
Der Sammelleidenschaft von "Zeitrelativisten" sind kaum Grenzen gesetzt.
Ein Teilprojekt für "Geographen", "Historiker", "Mathematiker" und Phantasiereisende.
Beginnen könntet Ihr mit (imaginären) Flugrouten und -zeiten.

Die Uhr umzustellen, ist heute eine jedem vertraute Sache (Sommerzeit, Urlaubsflüge). Wenn man sich aber vorstellt, daß zwischen Berlin und San Francisco ein Zeitunterschied von 9 Stunden besteht, kann man schon ins Staunen kommen. Also Achtung bei Telefonaten dorthin, man könnte jemanden am Mittag im Tiefschlaf erwischen. Unser Körper reagiert übrigens ebenfalls recht irritiert auf solche Zeitsprünge. Sicher habt Ihr schon mal vom berüchtigten "Jet-lag" gehört. Vor allem wenn man die Datumsgrenze überfliegt, wird's kniffig. Körperlich spürt man da zwar im Moment nichts, aber mit der Zeitrechnung kommt man später schon mal durcheinander. Fliege ich z.B. von San Francisco nach Tokio, so verliere ich aufgrund des 24stündigen Zeitunterschieds auf beiden Seiten der Datumsgrenze einen ganzen Kalendertag!

Umgekehrt geht es dem Weltreisenden aus Jules Vernes "Reise um die Erde in 80 Tagen" aus dem Jahre 1873. Aufgrund einer Wette will er in 80 Tagen um die Welt reisen. Am Ende ist er sich sicher, 81 Tage gebraucht und damit die Wette verloren zu haben. Da er aber in östlicher Richtung gereist ist und bei der Überquerung der Datumsgrenze vergessen hat, seinen Kalender "zurückzustellen", gewinnt er die Wette doch noch.

Lebte man auf dem Mond, so dauerte jeder Tag einen Monat lang. So lange nämlich braucht der Mond, um sich einmal um sich selbst zu drehen. Aber was "ein Tag" ist, ist ebenfalls nur eine Konvention, eine Übereinkunft, die schon ein paar Millionen Kilometer von der Erde entfernt, nicht mehr gültig ist.

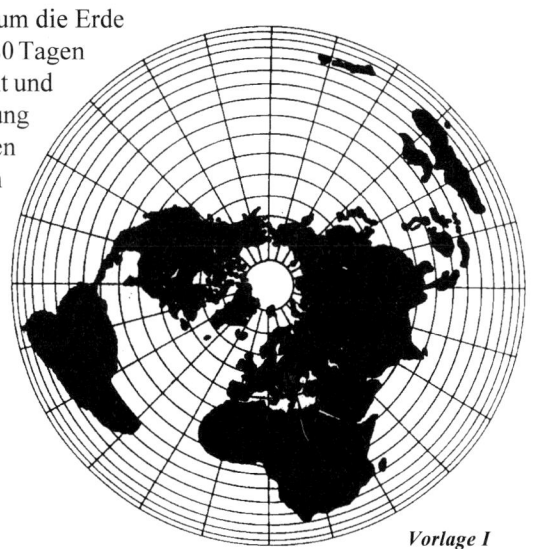

Vergleich: Der genaue Verlauf der Zeitzonen

Vorlage I

Die Zeitzonen der Welt und ihre Standardabweichungen von der Universal Time Coordinated (UTC).

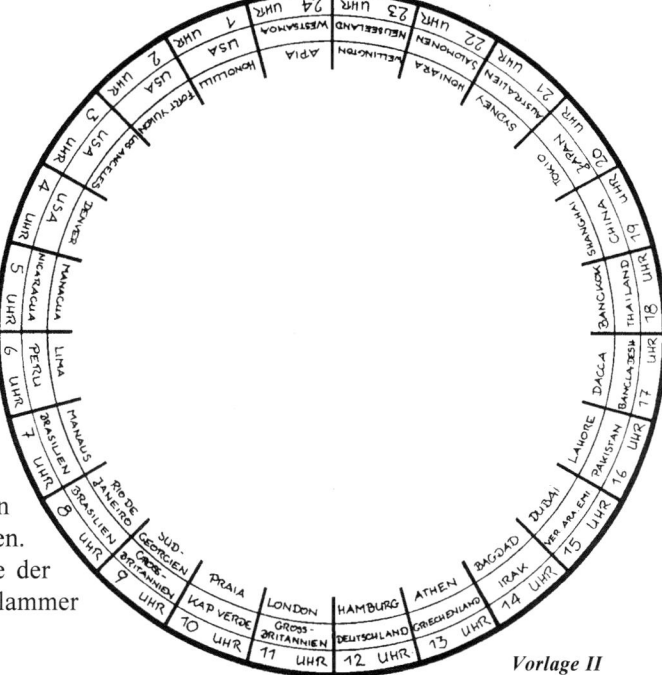

Bauanleitung

Die Vorlagen I und II müssen auf einen festen Untergrund aufgeklebt und ausgeschnitten werden. Dann stanzt man ein Loch in die jeweilige Mitte der Scheibe und heftet sie mit einer Musterbeutelklammer zusammen. Fertig ist die Weltzeituhr.

aus Friedhelm Heitmann: Rund um den Erdball

Vorlage II

Projekt Zeit

Zeit ist relativ
(Fortsetzung)

Vergessene Zeiten

Da sich die Uhrzeit nach der Erdrotation, d.h. nach dem jeweiligen Sonnenstand richtet, hat logischerweise jeder Meter Erdboden, den man nach Westen oder Osten geht, eine andere Zeit. Die "Zeitzonen", in die unsere Welt eingeteilt ist, sind also nur eine weltweite Übereinkunft, die dafür sorgt, daß die verschiedenen Zeiten nicht zum Chaos führen. Früher war das nämlich anders.

Zwar war schon im 14. Jahrhundert in Europa der Tag offiziell in 24 Stunden eingeteilt worden. Doch Reisen war selten und langsam. Und vor allem war Pünktlichkeit "auf die Minute" nicht notwendig. Das ganze Leben ging noch geruhsamer vor sich. So ist es nicht verwunderlich, daß noch Mitte des 19. Jahrhunderts z.B. in Deutschland Orte wie Köln, München, Leizig oder Königsberg unterschiedliche Zeiten hatten. Schon an der Stadtgrenze konnte eine neue Zeitzone beginnen. In Frankreich z.B. wurde deshalb an den Bahnhöfen eine einheitliche Zeit, die "heure de la gare" angezeigt. Verließ der Reisende das Bahnhofsgelände, betrat er sozusagen eine andere Zeit. Erst gegen Ende des Jahrhunderts schlug ein kanadischer Eisenbahningenieur namens Sandford Fleming vor, die Erde in 24 Zeitzonen aufzuteilen. Eine Eisenbahn, die den amerikanischen Kontinent von Osten nach Westen (oder umgekehrt) durchquerte, fuhr bis dahin durch nicht weniger als 71 Zeitbereiche! Fleming also schlug vor, von den 360 Längengraden des Erdumfangs 24 Normalmeridiane auszusuchen. Jeweils im Abstand von 15°, das entspricht einer Stunde, sollten sie die Zeiten der Welt weitgehend vereinheitlichen. Der Nullpunkt bzw. Nullmeridian, von dem aus die Zeitzonen festgelegt wurden, lief genau durch die Königliche Sternwarte von Greenwich in England. Die Zeitzone, in der Deutschland lag, die "Mitteleuropäische Zeit (MEZ)", wurde festgelegt als "Greenwich plus eine Stunde". Mit den verschiedenen Ortszeiten innerhalb einer Zeitzone sollte es nun also vorbei sein. Das war durchaus nicht jedem angenehm. Feldmarshall Moltke etwa wollte den Sinn der neuen Zeitrechnung nicht einsehen: "Meine Herren, im praktischen Leben wird sehr selten eine Pünktlichkeit, die mit Minuten rechnet, gefordert." Doch ein Professor der Berliner Sternwarte hielt dagegen, eine Zeiteinteilung, die nicht Pünktlichkeit auf die Minute garantiere, sei eine "geradezu menschenfeindliche Einrichtung".

So wurde am 1. April 1893 die MEZ in Deutschland per Gesetz eingeführt. Seitdem gehen die Uhren hierzulande im Gleichtakt und das Minutengefummel Reisender hatte ein Ende. Obwohl ... genau genommen, laufen seither alle Uhren in Deutschland nach der Uhrzeit der Stadt Kassel. Aber wer weiß das schon?!

Düsseldorf

Wiesbaden

Braunschweig

Dresden

Görlitz

Die klassische Bahnhofsuhr am Handgelenk. Weißes Ziffernblatt mit schwarzen Ziffern und Zeigern. Sekundenzeiger in Signal-Rot.

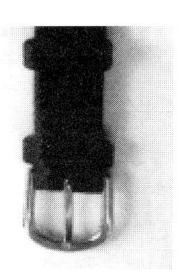

Am schwarzen Lederarmband: Schweizer Quarz-Präzisionswerk, bis 30 m wasserdicht (3 atü), 7 mm flach, ⌀ 33mm.

Von Berlin nach London geflogen:

Abflug Berlin: 9.00 Uhr - Flugzeit: 1 Std. 15 min.
Ankunft London: 9.15 Uhr (Ortszeit)

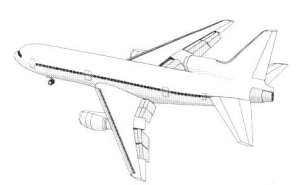

Von Düsseldorf nach Athen geflogen:

Abflug Düsseldorf 9.00 Uhr - Flugzeit: 2 Std. 30 min.
Ankunft Athen: 12.30 Uhr (Ortszeit)

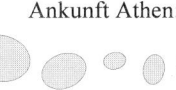

Projekt Zeit

Zeit ist relativ
(Fortsetzung)

Diese "Miniumfrage", die hier exemplarisch für viele andere steht, macht deutlich, das daß Thema "Sommerzeit - Winterzeit" durchaus kontrovers diskutiert wird, und längst nicht jeder mit der heute üblichen Zeitumstellung um eine Stunde vor, bzw. zurück zufrieden ist.

Ab '97 längere Sommerzeit?

Brüssel (afg).
Die Sommerzeit in den EG-Staaten soll ab 1997 einen Monat länger dauern. Gestern schlug die EG-Kommission vor, die Uhren statt Ende September erst Ende Oktober umzustellen Beginnensoll die Sommerzeit auch weiterhin Ende März.

aus NRZ vom 30.9.1993

Isabella Gallo, Verwaltungsangestellte
Ich kann mich noch immer nicht an die Sommerzeit gewöhnen. Wir waren auf den Kanaren, wo die Zeit nicht umgestellt wird. Dort habe ich herrlich ausschlafen können. Hier habe ich ständig Probleme. Ich könnte gut auf die Sommerzeit verzichten – das ganze Jahr.

Rainer Schliemann, Fertigungsleiter
Ich könnte mich gut damit anfreunden, das ganze Jahr über früher aufzustehen. Weil ich jeden Tag lange arbeiten muß, schätze ich abends jede Minute Helligkeit. Ich denke, es wäre kein Problem, sich auf diesen Rhythmus einzustellen.

Elfriede Schmidt, Hausfrau
Von Anfang an war ich mit der Sommerzeit nicht glücklich. Besonders die Kinder haben, als sie noch kleiner waren, darunter gelitten. Inzwischen hat man sich zwar einigermaßen daran gewöhnt, doch wäre es mir lieber, überhaupt keine Sommerzeit zu haben. Mein Wunsch: ständig Winterzeit.

Das ganze Jahr Sommerzeit?
An den Wechsel zwischen Sommer- und Winterzeit – er steht uns wieder einmal bevor – haben sich viele Leute noch immer nicht gewöhnt. Statt zu wechseln, könnte man doch auch die Sommerzeit beibehalten: dann ist es wenigstens abends länger hell.

Karoline Weidenbach, Studentin
Normalerweise gehe ich abends früh schlafen und stehe morgens früh auf. Deshalb fange ich mit der Sommerzeit überhaupt nichts an. Mir ist es eher recht, wenn es abends früher dunkel wird.

Rudolf Petzsche, Kfz-Meister
Ganz klar: die Sommerzeit gehört abgeschafft und nicht auch noch ausgedehnt. Ich bin ein ausgesprochener Morgenmensch. Wenn ich frühmorgens radfahre, muß ich höllisch aufpassen, weil es noch zu dunkel ist. Auf die Helligkeit am Abend kann ich verzichten. Sein Bierchen auf dem Balkon kann man auch im Dunkeln trinken.

Dieter Karrasch, Techniker
Mir ist das egal. Ich lebe nach meinem eigenen Rhythmus. Mit dem Aufstehen habe ich in keinem Fall Probleme. Ob es nun morgens früher hell wird oder abends später dunkel, ist mir völlig egal. Ich kann mit allen Variationen leben.

Günter Pahl, Arbeiter
Die Politiker sollen doch alles so lassen, wie es jetzt ist. Der Wechsel zwischen Sommer- und Winterzeit ist in Ordnung, auch wenn sich das ursprüngliche Argument mit der Energieeinsparung nicht bewahrheitet hat. Mit den Jahren hat man sich an den Wechsel gewöhnt.

Anneliese Rothe, Lehrerin
Weil ich von Natur aus Frühaufsteherin bin, begrüße ich die Sommerzeit. Im Winter hätte ich diese Zeiteinteilung nicht so gerne. Das würde ich auch etwas unnatürlich finden. Darum sollte der halbjährliche Wechsel beibehalten werden. Damit können meiner Meinung nach auch zum Beispiel die Landwirte leben, die meist dagegen sind.

Illustrierte Wochenzeitung - IWZ Nr. 39, 1991

Heimann, F.:	**Rund um den Erdball.** Mülheim: Verlag an der Ruhr 1993, S. 47ff.	
Polatschek, K.:	**Eine Uhr fürs ganze Reich.** - In: DIE ZEIT vom 26. März 1993.	
Schürmann, M.:	**Viel Unruh war im Gehäuse.** MEZ - seit 100 Jahren existiert die Mitteleuropäische Zeit. - In: NRZ vom 4. April 1993.	
Stollorz, V.:	**Das Kleine Geheimnis der Bahnhofsuhr.** - In: DIE ZEIT vom 6. November 1992.	
Verne, J.:	**Reise um die Erde in achtzig Tagen.** Zürich: Diogenes-Verlag 1986.	

Projekt Zeit

Geschichte des Zeitbewußtseins

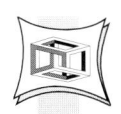

"Es war, glaube ich, die sechste Stunde des vierten Juni im Jahre 1364."
(Petrarca)

**Dieses Teilprojekt läßt sich als Unterprojekt oder als eigenständiges Teilprojekt durchführen. Früher lebten die Menschen ohne Uhren im Rhythmus der Natur. Wie mag sich eine solche Lebensweise von der unseren unterschieden haben? Denkt Euch alltägliche Situationen aus, und stellt Euch vor, es gäbe keine exakt laufenden Uhren. Wie mag sich das Leben im Mittelalter - mit Aufkommen von Uhren - verändert haben.
Ein Projekt für historische Wühlmäuse, Phantasiebegabte und Streßgeplagte.**

Viele unserer heutigen Redeweisen über die Zeit gehen auf mittelalterliche Formen der Zeitmessung zurück. Wenn wir z.B. sagen: "Die Zeit verrinnt" oder "Die Zeit läuft ab" - so erinnert das an das Rinnen bzw. Abrinnen des Sandes in den alten Sanduhren.

Sonnenuhr

"Man muß sich einmal den Wandel in der Zeitkonzeption anschaulich vor Augen halten, wie ihn auch die abendländische Kultur durchgemacht hat: Herodot, der Vater der Geschichte, kannte überhaupt noch nicht den Begriff der Stunde. Cäsar ließ seine Legionen nach Nachtwachen marschieren. Die Germanen rechneten nur nach Tagen, nach und nach kamen sie zum Thing. Im frühen Mittelalter begannen Turmuhren die Stunden zu zählen, niemand rechnete nach Minuten."
(Wilhelm Wagenführ)

Im frühen Mittelalter ging alles viel bedächtiger zu als heute. Die Menschen brauchten deshalb auch keine genaue Zeitmessung. Vor allem das Leben der Bauern richtete sich nach natürlichen Zeitabläufen aus. Tag und Nacht bzw. die Jahreszeiten aber waren zyklische Einheiten. D.h. die Zeit wurde als Kreislauf, als Wiederkehr des immer Gleichen verstanden. Nicht Entwicklung, sondern Wiederholung bestimmte das Zeitbewußtsein. So maß man die Zeit in groben Einheiten nach dem Stand der Sonne: Morgendämmerung, Sonnenaufgang, Mittag, Nachmittag, Sonnenuntergang, Abenddämmerung und Nacht waren die Maßeinheiten. So begannen Gerichtssitzungen mit dem Sonnenaufgang. Pfänder mußten bis zum Untergang der Sonne eingelöst werden. Wenn die Sonne unterging durfte kein Brot mehr gebacken werden usw. Die Arbeitszeiten rechneten sich nicht nach Stunden, sondern nach sogenannten "Tagwerken".

In den Klöstern gaben Gebetslängen ("Psalmenuhr") Zeitlängen an: Das Kochen eines Eies dauerte drei Vaterunser. Eine bestimmte Zahl von Psalmen, die ein wachender Mönch betete, gab die Schlafensdauer der anderen Mönche an. Die Erfindung mechanischer Uhren im 14. Jahrhundert revolutionierte dieses Zeitverständnis. Mit ihrer Verbreitung wurde das "Tagwerk" als Maßeinheit durch Stunden und Minuten abgelöst. Damit wurde es möglich, Arbeitsvorgänge in kleine und kleinste Einheiten aufzulösen.

Aschoff, J. u.a.:	**Die Zeit.** Dauer und Augenblick. München/Zürich: Piper-Verlag 1989.
Aveni, A.:	**Rhythmen des Lebens.** Eine Kulturgeschichte der Zeit. Stuttgart: Klett-Cotta-Verlag 1991.
Geißler, K.:	**Zeit leben.** Weinheim: Beltz-Verlag 1987.
Markmann, H.J.:	**Zeitmessung im Mittelalter.** - In: Geschichte lernen. H. 32/1993, S. 28ff.
Withrow, G.J.:	**Die Erfindung der Zeit.** Hamburg: Junius-Verlag 1991.

Projekt Zeit

Zeit und Kultur

"Neujahr ist bei den Irokesen, wenn die Plejaden in das Rauchloch scheinen."
(Werner Müller)

Man muß nicht unbedingt in die Vergangenheit "reisen", um merkwürdige Zeitauffassungen aufzuspüren. Daß Zeit etwas höchst Relatives ist, haben wir immer wieder festgestellt. Kein Wunder also, daß andere Kulturen ganz andere Auffassungen als wir entwickelt haben. Es gibt kein Besser oder Schlechter beim Messen der Zeit. Zeitvorstellungen orientieren sich immer an Lebensweisen. Und andere Arten zu leben brauchen auch andere Arten, mit der Zeit umzugehen.
Das Teilprojekt soll eingefahrene Denkweisen ins Wanken bringen und Alternativen aufzeigen.

G. J. Whitrow weist nach, daß selbst scheinbar Natürliches, wie der Tagesbeginn, nur eine weitere gesellschaftliche Konvention ist: *"Die alten Ägypter betrachteten die Morgendämmerung als den Beginn eines neuen Tages, während die Babylonier, Juden und Moslems den Sonnenuntergang wählten."* (S. 35) In Westeuropa begann der Tag mit der Morgendämmerung. In der Astronomie setzte man den Tagesbeginn noch bis zu Beginn des 20. Jahrunderts auf den Mittag fest.

Die alten Ägypter lebten nach einer Zeitauffassung, die ganz bestimmt war, durch ihre natürliche Umgebung:

Zwar zählte man schon dort das Jahr in 12 Monate zu je 30 Tagen eingeteilt - also annähernd so wie wir heute. Doch gab es nur drei Jahreszeiten zu je vier Monaten: Überschwemmung, Aussaat und Ernte. Da die Zeitrechnung allein an astronomischen und natürlichen Größen ausgerichtet war, stellten sich die Ägypter das Leben nicht als Entwicklung, sondern als Wiederholung vor. Unser modernes Fortschrittsdenken war den Ägyptern völlig fremd. Whitrow führt aus:

"Die Tatsache, daß die Welt in den Augen der Ägypter etwas Ewiges, Unwandelbares war, läßt überdies erkennen, daß ihnen der Gedanke an eine Weiterentwicklung der gesellschaftlichen Bedingungen völlig fremd war." (S. 50)

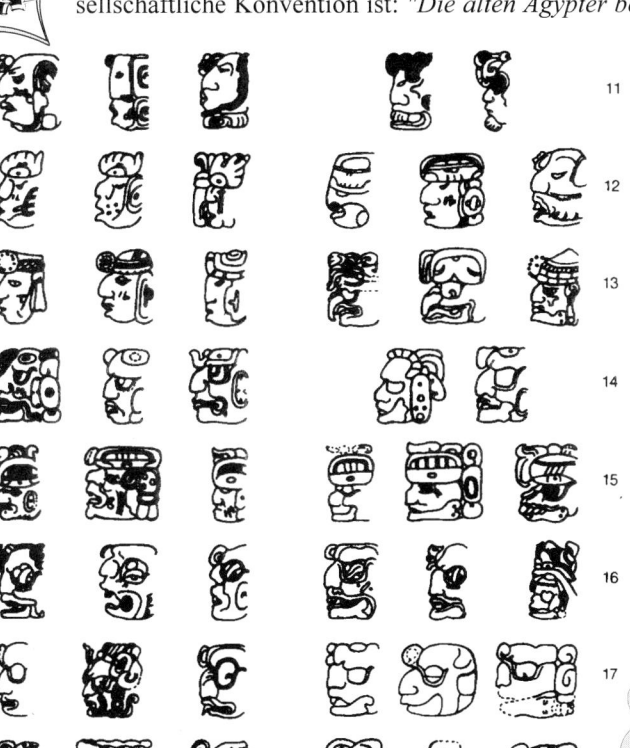

Zahlzeichen der Mayas

Die Mayas rechneten in wesentlich größeren Zeiteinteilungen als wir. Das mag daran gelegen haben, daß auch für sie Eile und Hektik keine Werte an sich waren. Diese Zeitrechnung war allein wichtig für astronomische und astrologische Beobachtungen bzw. zur Archivierung politischer Ereignisse. Gebräuchlichste Zeiteinheit war das "katun", das immerhin zwanzig Jahre à 360 Tage umfaßte. Die Mayas glaubten, daß die Welt mehrfach erschaffen und zerstört worden war. Die letzte Schöpfung hatte nach ihrem Glauben (und unserer Zeitrechnung) im Jahre 3113 v. Chr. stattgefunden. Und es würde weitere Erschaffungen der Welt geben ...

Mayatempel

Projekt Zeit

Zeit und Kultur
(Fortsetzung)

Zeit und Sprache

Die berühmte Ethnologe Evans-Pritchard besuchte in den 30er Jahren den süd-sudanesischen Stamm der Nuer:

"Die Nuer haben keinen Ausdruck, der unserem Begriff 'Zeit' entspräche, und deshalb können sie nicht wie wir von der Zeit sprechen, als wäre sie etwas Tatsächliches, das vorübergeht, sich verschwenden läßt, gespart werden kann, usw."
(zitiert nach Anthony Aveni)

Die japanische Urbevölkerung, die Ainu, konjugieren ihre Verben nicht in bestimmten Zeiten wie Präsens, Futur oder Imperfekt, sondern nach Kriterien wie: kurze Dauer/lange Dauer, Nacheinander/Gleichzeitigkeit, große Bedeutung/kleine Bedeutung, Intensivität/Beiläufigkeit etc. der beschriebenen Tätigkeit.

Im Chinesischen dagegen gibt es überhaupt keine Zeitformen. Die Zeit, in der etwas geschehen ist, wird erst durch die nähere Beschreibung der Sache deutlich.

Der Sprachwissenschaftler Benjamin Lee Whorf hat in seiner Analyse der Hopi-Sprache (indianischer Stamm in Arizona und Mexiko) festgestellt, daß die Hopis überhaupt keine abstrakte Anschauung von Zeit hat. Da die Hopis keine zählbaren Zeitmaße besitzen, können sie die Zeit weder messen, noch genaue, vergleichbare Zeitpunkte angeben. So gibt es auch keine Gleichzeitigkeit von Ereignissen, sondern jedes Ereignis findet für jeden Beobachter in dessen Zeit statt.

Junger Nuer

Aschoff, L. u.a.:	**Die Zeit.** Dauer und Augenblick.	München/Zürich: Piper-Verlag 1989.
Aveni, A.:	**Rhythmen des Lebens.** Eine Kultergeschichte der Zeit.	Stuttgart: Klett-Cotta-Verlag 1991.
Geißler, K.:	**Zeit leben.**	Weinheim: Beltz-Verlag 1987.
Tholen, C. u.a. (Hgg.):	**Zeitreise.** Bilder, Maschinen, Strategien, Rätsel.	Frankfurt/M.: Stroemfeld/Roter Stern-Verlag 1993, S. 331ff.
Withrow, G.J.:	**Die Erfindung der Zeit.**	Hamburg: Junius-Verlag 1991.

Projekt Zeit

Time is Money

"Zeit ist eine kostbare Ausgabe."
(Theophrast)

Daß Zeit ein kostbares Gut ist - wer wüßte das nicht. Doch man staunt, wenn man sich einmal nach danach umschaut, wie oft wir für Zeit bezahlen müssen! Natürlich gibt's manchmal auch Geld für Zeit. Jedenfalls findet Ihr sicher unzählige Beispiele, bei denen Ihr Zeit in Geld umrechnen könnt oder bei denen Zeit eine geheime Währung ist. Rechnet nur einmal aus, wieviel Geld man erhält, wenn man 10000 DM 10 Jahre lang zu 7% Jahreszins anlegt. Oder wieviel man zahlen muß, wenn man sich über den gleichen Zeitraum 10000 DM zu 15% bei einer Bank ausleiht.

Ein Teilprojekt, für das man nur die Augen offen halten muß, um fündig zu werden ... (Und wer Michael Endes "Momo" noch nicht gelesen hat, der sollte es jetzt nachholen.) ∎

"Gesparte Zeit ist doppelte Zeit."

"Zeit ist kostbar - verliere sie nie!"

"Zeit ist wie Geld - darum spare!"

"Zeit-Sparen - es geht immer besser!"

"Mach mehr aus deinem Leben - Spare Zeit!"
aus Michael Ende: Momo

Die Börse

Bis ins späte Mittelalter verbot die katholische Kirche allen Gläubigen Tätigkeiten, bei denen man allein durch das Verstreichen der Zeit zu Geld kommen konnte. Zins und Wucher wurden als Sünde verdammt (und auf die jüdische Bevölkerung abgewälzt), da man glaubte, die Zeit komme von Gott und der Mensch müsse sich ihr unterwerfen.

In der Neuzeit aber wollten sich auch Christen solche Einnahmequellen nicht mehr "durch die Lappen gehen lassen". Mit Banken, Börsen, Termingeschäften, Versicherungen etc. wurden Institutionen errichtet, die Zeit in Geld verwandelten - und damit nicht schlecht lebten.

Time is Money

(Fortsetzung)

Mehr Zeit ist nicht das Wichtigste, was Sie von uns bekommen.

Die Zinstreppe macht aus Ihrem Ersparten einen schönen Batzen Geld.

Wer Zeit spart, soll auch Geld sparen.

Die Anreise zum Flughafen ist für viele Reisende ein Problem; wer wohnt schon in nächster Nähe des Airports? Um hin zu kommen, können Sie mit dem eigenen Auto fahren. Aber dann geht viel Zeit für die Parkplatzsuche und viel Geld für Parkgebühren drauf. Und ein Taxi rechnet sich nur auf Kurzstrecken. Eine bessere Alternative, schnell und günstig zum Flughafen zu kommen oder vom Flieger zurück nach Hause, ist der Flughafen-Anschluß-Tarif von Flydrive. Ab DM 99,50 bekommen Sie einen Avis-Wagen, fahren damit zum Flughafen - wenn es sein muß 4 Stunden lang - und geben ihn dort einfach ab. Keine Kilometerbegrenzung, keine Rückführungsgebühren, kein Zeitverlust, kein Streß. Worauf Sie sich verlassen können.

Avis plus Lufthansa ist flyDRIVE

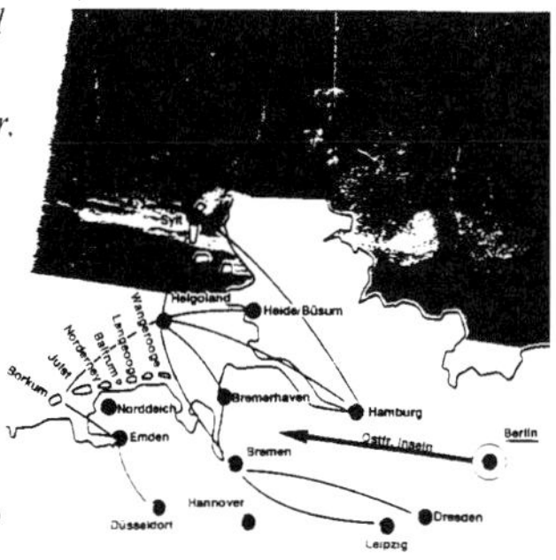

LEGEN SIE IHR VERTRAUEN GUT AN
SPARBRIEF
6,25%
4 Jahre p. a.
Mindesteinlage: DM 1000,-
GALLINAL BANK
Lindenallee 60-62, 45127 Essen
☎ 02 01/8 11 61 90

1 Jahr Laufzeit **6,60%** Rendite
Stand 14. 5. 1993

Investition in die Zeit

WIR VERKAUFEN ZEIT

Reisen im Stil der Zeit. Schnell, sicher, bequem und weitgehend unabhängig. Mit der Freude am Fliegen. Wann starten Sie mit ROA?

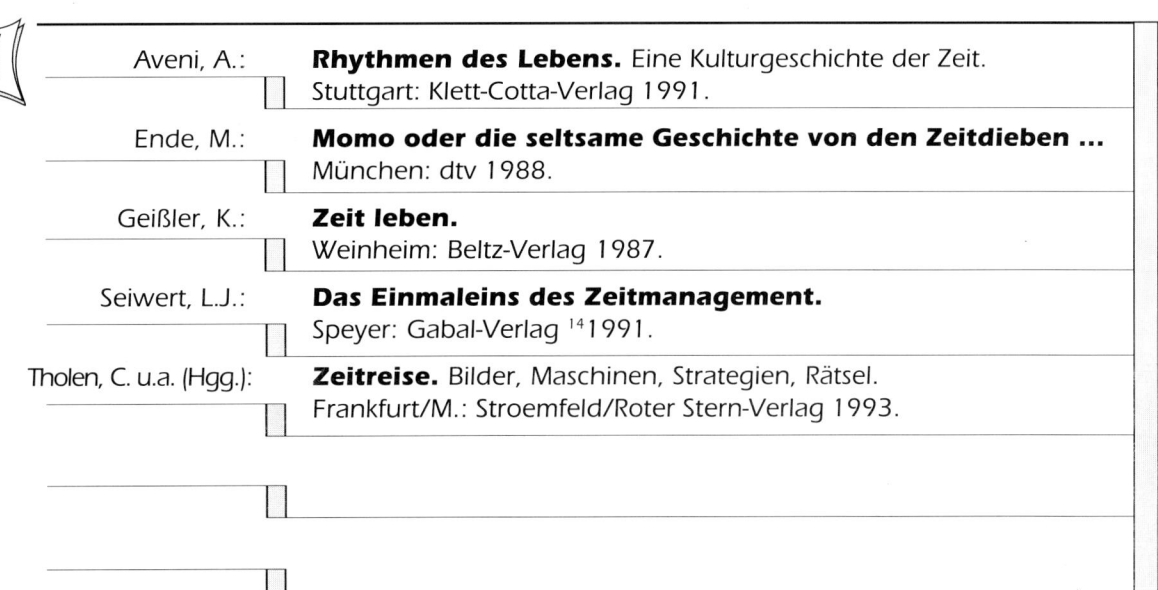

Bevor Sie investieren, investieren Sie etwas Zeit in Sachkunde.

Aveni, A.:	**Rhythmen des Lebens.** Eine Kulturgeschichte der Zeit.	
	Stuttgart: Klett-Cotta-Verlag 1991.	
Ende, M.:	**Momo oder die seltsame Geschichte von den Zeitdieben ...**	
	München: dtv 1988.	
Geißler, K.:	**Zeit leben.**	
	Weinheim: Beltz-Verlag 1987.	
Seiwert, L.J.:	**Das Einmaleins des Zeitmanagement.**	
	Speyer: Gabal-Verlag [14]1991.	
Tholen, C. u.a. (Hgg.):	**Zeitreise.** Bilder, Maschinen, Strategien, Rätsel.	
	Frankfurt/M.: Stroemfeld/Roter Stern-Verlag 1993.	

Projekt Zeit

Zeit und Macht

*"Zeit ist Geld.
Geld ist Macht."*
(alte Sprichwörter)

Die Zeit hat Macht über uns. Ein Blick auf Stundenpläne, Terminkalender, Öffnungszeiten, Fahrpläne etc. ist der alltägliche Beweis. Wir können allenfalls versuchen, uns die Zeit einigermaßen erträglich oder effektiv einzuteilen. Denn wer über seine Zeit verfügt, dem geht's besser. Und wer die Zeit anderer organisiert, gewinnt dadurch Macht über sie. Kein Wunder also, wenn ein Blick in die Geschichte belegt, welch großes Interesse die Mächtigen aller Zeiten an der Zeit bzw. ihrer Zählung und Vermessung hatten.

Kalenderreformen (Französischer Revolutionskalender, religiös motivierte Umstellungen oder die neue Zeitrechnung der russischen Revolution) sind ein guter Ausgangspunkt für weitere Erkundungen. ∎

Schon bei den alten Ägyptern ist der Zusammenhang von Zeit und Macht überaus deutlich. So setzte die Zeitrechnung mit jedem neuen Pharao bei 1 neu an. (Und noch im Mittelalter wurden Briefe in Europa häufig nach dem Regierungsjahr des Fürsten datiert.) Alle zwei Jahre wurde das Vermögen des Pharao von Beamten gezählt, womit sich eine weitere Einteilung der Regierungszeiten ergab. Im byzantinischen Kaiserreich begann das neue Jahr am 1. September mit der alljährlichen Steuererhebung. Dieser Steuerzyklus war auch anderswo in Europa als zweite Zeitrechnung üblich. Erst 1806 wurde diese "fiskalische" Zeitrechnung im Deutschen Reich durch Napoleon abgeschafft. Überhaupt ist auffällig, wie häufig neue Regierungen versuchten, neue Zeitrechnungen durchzusetzen. Andererseits lehnten z.B. die protestantischen Länder die Greorianische Kalenderreform mit der bemerkenswerten Begründung ab, der Papst versuche nur "mit Schlangenverstand und Fuchslist" mit Hilfe des Kalenders die gesamte Christenheit zu unterjochen.

Napoleonuhr von 1810

Daß die Zeit der Welt und die Zeit des einzelnen nicht zusammenfallen, zeigt aber die Grenzen der Macht des Menschen über die Zeit. Kein Wunder also, daß der Machtwahn der Herrschenden selbst hier nicht halt macht. Aus den Aufzeichnungen seines Adjudanten etwa wissen wir, daß Adolf Hitler sein persönliches Ende und das der Welt zusamenfallen lassen wollte: *"Wir können untergehen. Aber wir werden eine Welt mitnehmen."*

Der französische Revolutionskalender

eingeführt am 26. November 1793, abgeschafft am 31. Dezember 1805.

Das Jahr I begann am 22. September 1792, dem Jahrestag der Ausrufung der Republik. Das Jahr wurde in 12 Monate zu je 30 Tagen eingeteilt, dazu kamen fünf bzw. sechs Zusatztage. Jeder Monat wurde in drei Dekaden eingeteilt. In jeder Dekade gab es einen Feiertag, der Sonntag wurde abgeschafft.

- Vendémiaire ("Weinmonat") vom 22. September bis 21. Oktober.
- Brumaire ("Nebelmonat") vom 22. Oktober bis 20. November.
- Frimaire ("Reifmonat") vom 21. November bis 20. Dezember.
- Nivôse ("Schneemonat") vom 21. Dezember bis 19. Januar.
- Pluviôse ("Regenmonat") vom 20. Januar bis 18. Februar.
- Ventôse ("Windmonat") vom 19. Februar bis 20. März.
- Germinal ("Keimmonat") vom 21. März bis 19. April.
- Floréal ("Blütenmonat") vom 20. April bis 19. Mai.
- Prairial ("Wiesenmonat") vom 20. Mai bis 18. Juni.
- Messidor ("Erntemonat") vom 19. Juni bis 18. Juli.
- Thermidor ("Hitzemonat") vom 19. Juli bis 17. August.
- Fructidor ("Fruchtmonat") vom 18. August bis 16. September.

Projekt Zeit

Zeit und Macht
(Fortsetzung)

Da wo der Wille, auch über die Zeit selbst zu herrschen, unmäßig wird, werden auch die Methoden, mit Hilfe der Zeit Macht auszuüben über alle Maßen grausam. In den Konzentrationslagern der Nazis wurde über die Zeit regelrechter Terror ausgeübt. Grundlage dieses Terrors war es, jeden zeitlichen Gleichlauf, alle Absehbarkeit von Ereignissen zu zerstören. Auf nichts war (zeitlich) Verlaß. Völlig willkürlich und unvorhersehbar wurden Apellzeiten verändert, die Nachtruhe gestört, Arbeitszeiten unterbrochen, verkürzt oder ausgedehnt und vor allem festgesetzte Zeitstrafen verlängert. Nie wußten die Häftlinge, wann neue Schikanen, Schläge und andere Mißhandlungen über sie hereinbrachen. Und selbst den Zeitpunkt des Todes - von vielen wegen der furchbaren Martern förmlich herbeigesehnt - war völlig unabsehbar (drohte aber tagtäglich).

Volksgerichtshof

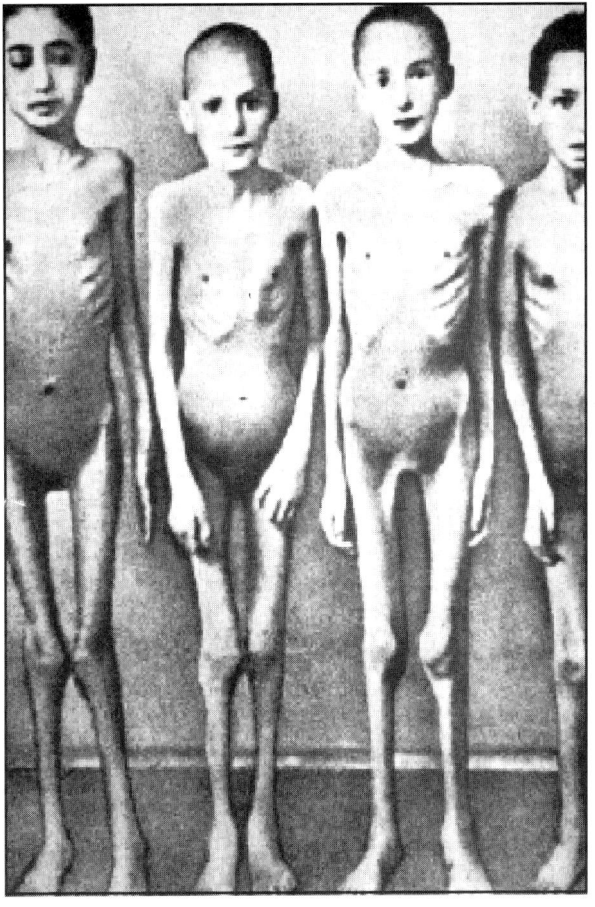

Jüdische Kinder im KZ

Auch rechtstaatliche Demokratien bedienen sich der Zeit als Mittel von Machtausübung und Bestrafung. Ob ein abgeurteilter Täter ein Jahr auf Bewährung bekommt, für ein paar Jahre oder gar "lebenslänglich" seiner Freiheit beraubt wird - immer wird hierbei Zeit als Strafe eingesetzt. Und wenn Gefängnisstrafen nach "Tagessätzen" in Geldstrafen verwandelt werden, so beweist sich auch hier, daß Zeit Geld ist.

Aschoff, J. u.a.:	**Die Zeit.** Dauer und Augenblick. München/Zürich: Piper-Verlag 1989.	
Aveni, A.:	**Rhythmen des Lebens.** Eine Kulturgeschichte der Zeit. Stuttgart: Klett-Cotta-Verlag 1991, S. 144ff.	
Hammerl, E.:	**Völlig außer Atem**. Über den gelassenen Hochmut der Zeithaber und die Verdammnis der Gehetzten. - In: STERN 26/1992, S. 97.	
Liberty, G.:	**Die Zeit.** Nürnberg/Hamburg: Tessloff-Verlag 1982, S. 10ff.	
Sofsky, W.:	**Die Ordnung des Terrors.** Das Konzentrationslager. Frankfurt/M.: Fischer-Verlag 1993, S. 61ff.	

Projekt Zeit

Tempo, Tempo

*"Das Tempo dieser Zeit
ist keine Kleinigkeit."*
(Jörg Drews)

"Geschwindigkeit - der überhitzte Augenblick", so der Titel eines Heftes der Kulturzeitschrift "DU" von April 1989. Die Beiträge dieses Heftes enthalten viele Anregungen zur Gestaltung dieses Teilprojekts. Geschwindigkeitsexperimente z.B. in Sport, Biologie und Chemie (Zeitmessung, Reaktionen) wären gute Ergänzungen. Natürlich wäre auch eine Kooperation mit der Foto-/Videogruppe" (S. 25) sinnvoll. Das Thema "Geschwindigkeit" kennt keine Fachgrenzen. Und Sportenthusiasten könnten sich z.B. der Zeit als Faktor der Trainingsplanung und -steuerung beim Radsport o.ä. widmen. Oder wie wäre es - TV-Kids werden ihren Spaß haben - das Tempo unserer Fernsehsender mal zu vergleichen (Ansagen, Werbeclips, Umschaltungen etc.). Und auch Compu-Kids werden in diesem Teilprojekt auf ihre Kosten kommen.
Also Stoppuhren raus und los!
Es braucht zwar noch immer Zeit, unsere Körper selbst zu transportieren. Doch im Zeitalter der Telekommunikation ist das auch kaum mehr nötig. Per Telefon, Telegraphie, Fernsehen, Konferenzschaltungen, Telefax etc. können wir in Sekundenschnelle als Stimme oder Bild die ganze Welt erreichen. Mit der Geschwindigkeit, in der unsere (weltweite) Kommunikation abläuft, werden Entfernungen null und nichtig. Mit der Zeit verschwindet auch der Raum (vgl. Teilprojekt "Zeit und Raum" S. 49). ∎

"Es gibt keinen Flug zwischen Punkt A und Punkt B, sagen wir: zwischen New York und Paris, der nicht grundsätzlich als zu lang gälte. Die Bewältigung dieser Strecke erfordert heute noch sechs Stunden? Zu langsam. Und welche Blamage, wenn wir für die Überbrückung dieser Strecke im nächsten Jahr mehr als fünf Stunden benötigten und sie im nächsten Jahr nicht in vier leisten. Was immer Dauer erfordert, dauert zu lang."
(Günther Anders)

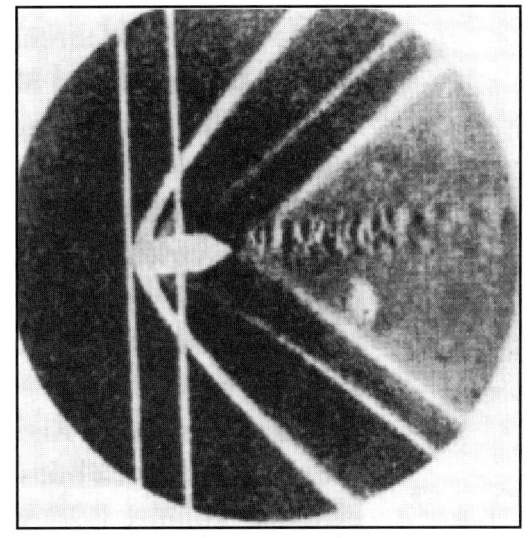

Aufnahme eines Geschosses

Sonntagsfahrverbot im Ölkrisenwinter 1973

Projekt Zeit

Tempo, Tempo
(Fortsetzung)

Sind Sekunden und auch Zehntelsekunden noch nachvollziehbar, so entzieht sich der Zeittakt des Computers (Nanosekunde = Milliardstel Sekunde) vollends dem menschlichen Nahempfinden. Jeremy Rifkin stellt fest, daß diese Rechenzeit (engl. "computime") "die endgültige Abstraktion der Zeit und ihre völlige Trennung von menschlichen Erfahrungen und den Rhythmen der Natur" (Rifkin, S. 27) darstellt. Rifkin zitiert eine interessante Analogie, die die enorme Rechengeschwindigkeit begreifbar macht:

Computerchip

"Stellen Sie sich vor ... zwei Computer sprechen eine Zeitlang miteinander. Dann werden sie von einem Menschen gefragt, worüber sie sprechen, und in der Zeit, die er braucht, um diese Frage zu stellen, haben die beiden Computer mehr Wörter ausgetauscht als alle Menschen insgesamt, seit der homo sapiens vor zwei oder drei Millionen Jahren zuerst auf der Erde erschien."
(Geoff Simons, zitiert nach Rifkin)

263 Tage in 20 Sekunden...

KURZER PROZESS MIT LANGEN PROCESSINGS!

Der Konkurrenz um Längen voraus

40 MHz

Superschnell und supersparsam: die Toshiba Notebooks der neuen T1950-Serie

Für Spitzengeschwindigkeit und dauerhafte Hochleistung gibt es nur eine Wahl: die neuen T1950 Modelle von Toshiba. Sie sind die ersten, die den brandneuen, energiesparenden SL Enhanced Intel 486DX2/40 MHz Prozessor mit dem bewährten Toshiba MaxTime™ Power-Management-System verbinden. Eine Ausstattung, die hohes Tempo

Toshiba T1950, T1950CS und T1950CT
• Neuer 3,3 Volt SL Enhanced 486DX2/40 MHz Prozessor mit

Das schnellste 3,5-Zoll-Plattenlaufwerk der Welt mit AT/IDE-Schnittstelle

Projekt Zeit

Tempo, Tempo
(Fortsetzung)

"Normale Erkältungen werden mit Antibiotika im Sturmangriff überwältigt, weil keiner mehr die sieben Tage abwarten kann, bis die Erkältung von selbst verschwindet. In Mülheim a. d. Ruhr wird für Millionen ein Fluß untertunnelt, damit die Bürger mit der Straßenbahn ein paar Sekunden (!!) schneller zum Einkaufen in die Stadtmitte gelangen. Der Zeitungsstil wird immer mehr und mehr beherrscht von kürzesten Sätzen, dicken Überschriften, die auch im Vorbeilaufen noch zu lesen sind. [...] Essen heißt heute 'fast food', wer nicht im Schnellimbiß braten läßt und noch zu hause kocht, benutzt mindestens den ultraschnellen Mikrowellenherd. Gerade hat man den Namen eines neuen Schlagerstars, den Titel eines Hits gehört, schon ist er wieder in der Versenkung verschwunden. Jeder möge sich die Beispielkette selbst verlängern."
(Wilfried Stascheit/Werner Neugebauer)

Klare Sache, klarer Kopf.

Thomapyrin

Rasche Wirkung und gute Verträglichkeit einer Schmerztablette hängen wesentlich von der Wahl und der Dosierung der Wirkstoffe ab. Thomapyrin Schmerztabletten sind aus drei bestens bewährten Substanzen zusammengesetzt, die sich in ihren Wirkungen sinnvoll ergänzen. Dadurch ist Thomapyrin in der Lage, Kopfschmerzen verschiedenster Ursachen rasch zu bekämpfen und für einen klaren Kopf zu sorgen. Auch dann, wenn es sich um stärkere Schmerzen handelt. Die niedrige Dosierung der einzelnen Wirkstoffe sorgt dafür, daß Thomapyrin Schmerztabletten bei zuverlässiger Wirksamkeit gut verträglich sind. Das erklärt, warum Thomapyrin bei Kopfschmerzen am häufigsten in Apotheken verlangt wird. Fragen Sie Ihren Apotheker. 10 Tabletten DM 3,55, 20 Tabletten DM 5,89. Auch in der Schweiz erhältlich.

Thomapyrin Schmerztabletten.
Zeitgemäß dosiert –
rasch und gut verträglich wirksam.

McDonald's zur Sache.

QUALITÄT

McDonald's Nährwert und Qualität

Nur die Ruhe! Baldrian-Dispert.

Baldrian-Dispert hilft.
Natürlich!
Wenn Sie innere Ruhe suchen.

Dahl, J.:	**Die Eile hat der Teufel erfunden.** - In: NATUR 1/1990, S. 114ff.	
DU:	**Die Zeitschrift der Kultur.** Themenheft zur Zeit. April 1989.	
Pardey, H.-H.:	**Die wunderbare Zeitvermehrung findet auch im Computer nicht statt.** - In: FAZ vom 10.8.1993.	
Stascheit, W. u.a..:	**Computer lernen kritisch.** Mülheim: Verlag an der Ruhr 1991.	
Rifkin, J.:	**Uhrwerk Universum.** Die Zeit als Grundkonflikt des Menschen. München: Knaur-Verlag 1988.	

Projekt Zeit

Bloß keine Zeit verlieren

"Zeit heilt alle Wunden, aber was heilt die Wunden der Zeit?"
(Schülerfrage)

Über nichts scheinen manche Politiker und unsere Arbeitgeberverbände heute so intensiv nachzudenken wie über die Frage, wie man am besten immer mehr Zeit und Geld spart (was häufig dasselbe ist). Auch in der Schule (Verkürzung der Ausbildungszeit) und am Arbeitsplatz (Zeiteffizienz) werden wir zur Eile angehalten. "Eile mit Weile" - ein wunderschöner Satz, dessen Gemächlichkeit uns allenfalls noch schmunzeln läßt. Arbeitsprozesse werden in unserer Gesellschaft nicht nach den Bedürfnissen der Arbeitenden, sondern nach Gesetzen der "Produktionsökonomie" organisiert. Was sagen Euch die Namen Ford und Taylor? Und was Begriffe wie "Akkord", "Gleitende Arbeitszeit" oder "Zeitmanagement"? Von der Stechuhr über das Fließband bis hin zu unser aller Umgang mit der (knappen) Zeit geht dieses Teilprojekt. Wie gehen wir mit Zeit um? Wie ist die Zeit den Ökonomen in die Hände gefallen? Warum beugen wir uns diesem Diktat der Zeit oft so widerstandslos? Vielleicht seht Ihr Euch zu Beginn einmal in aller Ruhe Charly Chaplins Film "Moderne Zeiten" an.

"Das Zeitnehmen mit Stoppuhren muß ausgerottet werden. Das Proletariat darf nicht zulassen, daß sich das widerliche Taylor-System einbürgert. Das ist der einheitliche Wille der Streikenden bei Renault. Dabei wird ihnen die gesamte Arbeiterklasse beipflichten. Den Arbeitern ist die Werkhalle genommen! Die Unternehmer wollen das Stoppuhren-Zeitmessungssystem einführen, um die Produktion in unerhörten Portionen zu steigern [...]. Sie wollen ihnen den letzten Rest von direktem Einfluß auf den Gang der Produktion nehmen. Wie gehen sie vor? Ganz einfach. Sie verbieten dem Arbeiter zu denken; die für ihn nötige Gehirnanstrengung wird im Zeitmessungsbüro gemacht."
(Flugblatt streikender französischer Renault-Arbeiter aus dem Jahre 1912)

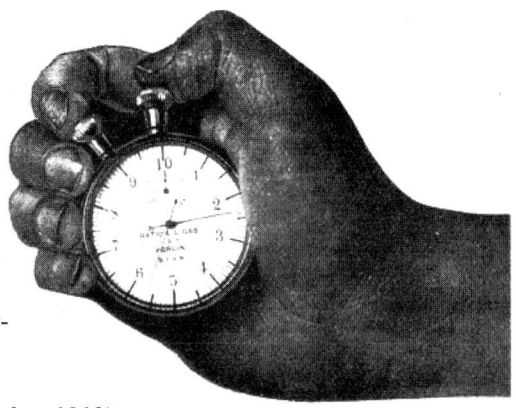

Plakate (1919/1927) aus "Lebensbilder - Zeitbilder", Deutsches Plakat Museum Essen

Projekt Zeit

Bloß keine Zeit verlieren

(Fortsetzung)

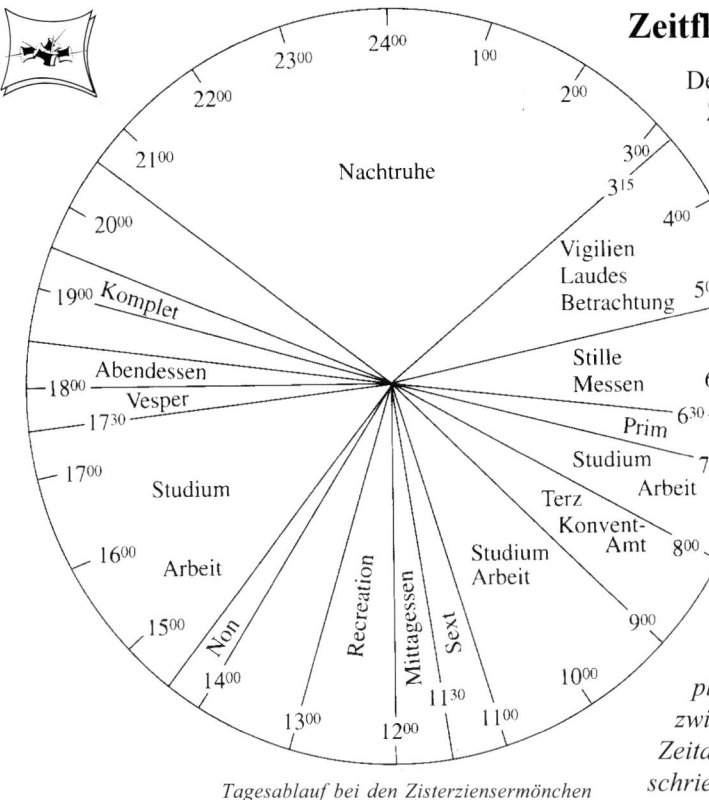

Zeitfluß versus Fließband

Der Begriff "Fließband" weist auf den Fluß der Zeit. Doch jeder, der mal daran gestanden hat, weiß, daß Fließbandarbeit die Zeit zerstückelt, nämlich in abgtrennte Arbeitsschritte zerlegt. Das Fließband ist ein frühes Produkt moderner Zeitspartechnik. Erstmals eingetzt wurde es 1910 in den Schlachhöfen von Chicago und 1914 in den Autofabriken Henry Fords. Durch die Aneinanderreihung der Arbeitsgänge wurden Transportwege verkürzt, Vergleiche der Arbeitsgeschwindigkeiten und damit Kontrolle der Arbeiter ermöglicht. Statt einer persönlichen Aufsicht regelt das ständig laufende Band die Leistung der Arbeiter.

"Die gleichförmige Bewegung des laufenden Bandes unterdrückt das Bedürfnis der Arbeitenden nach eigenemArbeitsrhythmus, nach natürlichen Pausen, nach Verlassen des Arbeitsplatzes und nach Gesprächen mit Kollegen. Es zwingt ihn zur Bearbeitung des Werkstücks in einem Zeitabschnitt, der ihm vom Takt des Bandes vorgeschrieben wird."
(Werner Rammert zitiert nach Karlheinz Geißler)

Tagesablauf bei den Zisterziensermönchen

Fließband bei VW

Als
Taylorbeamter

sucht junger, zwangsweise pensionierter Pionieroffizier am Wiener Platze jetzt oder später Stelle. Derselbe hat große praktische Erfahrung, ist kaufmännisch gebildet, mit dem Taylor-System vertraut und zu jeder Einführungsarbeit bereit.

Zuschriften unter „Sehr strebsam" an die Redaktion dieser Zeitschrift.

Projekt Zeit

Bloß keine Zeit verlieren

(Fortsetzung)

Arbeitszeit - gestochen scharf

Bis Anfang des 20. Jahrhunderts riefen Fabrikglocke oder Zechensirene die Arbeiter ans Werk. Mit der Aufspaltung der einzelnen Arbeitsschritte wurden individuellere Zeitkontrollen nötig. Seither beginnt der Arbeitstag der meisten Menschen an der Stechuhr.

Pünktlichkeit am Armgelenk

Zeit ist Geld
BÜRK ZEITSYSTEME von Kienzle

Modell K 2000

Das Zeiterfassungsgerät Modell K 2000 wird auf Ihre betriebsspezifischen Anforderungen programmiert. Sie erhalten mit der Auftragsbestätigung ein Formular, das zur Programmierung ausgefüllt werden muß.

KIENZLE

Lieferung ab Werk

Stechuhr-Stempelkarte

Das Argument:	**Zeitschrift für Philosophie und Sozialwissenschaften.** H. 4/1987: Klassenkämpfe um Zeit.	
Geißler, K.:	**Auf der Suche nach dem verlorenen Lebensrythmus.** - In: Psychologie heute H. 5/1995, S. 60ff.	
Pandel, H.-J.:	**Stechuhr und Stoppuhr.** Mikrohistorie im Geschichtsunterricht. - In: Geschichte lernen H. 19/1991, S. 31ff.	
Seiwert, L.J.:	**Das Einmaleins des Zeitmanagement.** Speyer: Gabal-Verlag [14]1991.	
Rifkin, J.:	**Uhrwerk Universum.** Zeit als Grundkonflikt des Menschen. München: Knaur-Verlag 1988.	

Arbeitszeit/Freizeit/Sozialzeit

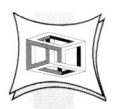

"Samstags gehört Vati mir."
(Gewerkschaftsslogan 1958)

"Hausaufgaben stehlen einem die Freizeit." Macht dieser Satz einen Sinn? Ist "Freizeit" die Zeit nach oder vor der "Unterrichtszeit"? Ist die Zeit des Mittagsschlafs nach einem anstrengenden Vormittag Teil der "Freizeit"? - wo mich doch der Schlaf übermannt: Ich also nicht die Freiheit habe, über Wachsein oder Schlaf zu entscheiden? Und wenn ich einem Rentnerehepaar Besorgungen erledige: Freizeit? Arbeitszeit? Oder "Sozialzeit", weil ich mich doch "sozial" zeige?

Mit solchen Fragen beschäftigt sich dieses Teilprojekt. "Arbeit und Freizeit" ist zunächst auch ein geschichtliches Thema. Vom Handwerk des Mittelalters bis zur heutigen Dienstleistungsgesellschaft reicht die Palette der Fragen. Daß die Freizeit zum Problem werden kann, dürfte bekannt sein. Daraus erwächst eine politische Aufgabenstellung: Inwieweit dürfen sich Staat und Wirtschaft in die individuelle Freizeitgestaltung einmischen? Welche Eingriffe gibt es da schon? Welche wären wünschenswert? Oder wie wäre es, wenn der Staat den Menschen eine "Sozialzeit" mit Blick auf die kriselnde Altersversorgung anrechnen würde? Verhielten wir uns dann sozialer?

Befragungen, Analyse von Statistiken, Reportagen u.a. könnten Arbeitsformen sein, mit denen sich dieses Thema erschließen läßt.

Arbeitszeitverkürzung
in der Metallindustrie

Tarifliche Wochenarbeitszeit in Stunden	Zeitraum
48	Bis 1956
45	1956-1958
44	1959-1961
42,5	1962-1963
41,25	1964-1966
40	1967-1985
38,5	1985-1988
37,5	1.4.1988
37	1.4.1989

Arbeitszeitverkürzung

Projekt Zeit

Arbeitszeit/Freizeit/Sozialzeit

(Fortsetzung)

Kurzarbeit in NRW stieg um 54 %

Konjunktur blieb nur schwach

NRZ-Nachrichtendienst

NÜRNBERG. (rtr/dpa). Die Konjunktur-Belebung im Herbst hat den Arbeitsmark im September weniger als üblich entlastet. Die Zahl der Arbeitslosen sank leicht um 43 000 auf 3,447 Millionen.

NRZ vom 8.10.93

Hambacher Disput zur Freizeitgesellschaft

Wagner betont „Sozialzeit"

NEUSTADT-HAMBACH (röt) -- Mit den sich abzeichnenden „Zwängen der Freizeitgesellschaft" zum Ausgang des 20. Jahrhunderts beschäftigte sich der 8. Hambacher Disput der Landeszentrale für politische Bildung. „Der steigende Anteil der Freizeit auf Kosten der Arbeitszeit" stellt die Gesellschaft vor neue Aufgaben und Probleme, meinte Christa Drews-von Steinsdorff, Direktorin der Landeszentrale, im Festsaal des Schlosses vor rund 350 Vertretern aus allen Kreisen der Bevölkerung. Zukunftsvisionen gelte es hier in Tradition des Hambacher Festes von 1832 zu entwickeln, die individuelle und öffentliche Verantwortung, das Glück des Menschen, ermöglichten.

Für eine Erweiterung des Begriffspaares „Arbeitszeit und Freizeit" um die Komponente der „Sozialzeit" sprach sich Ministerpräsident Dr. Carl-Ludwig Wagner, Schirmherr des Disputes, aus: „Erziehung der Kinder, Pflege alter und behinderter Menschen, freiwillige und ehrenamtliche Tätigkeiten im sozialen, sportlichen, kulturellen und politischen Bereich müssen eine gesellschaftliche und materielle Aufwertung erfahren." Den wirtschaftlichen Wert dieser „gesellschaftlich unverzichtbaren Nichterwerbsarbeit" bezifferte der Ministerpräsident auf 290 Milliarden Mark jährlich. Gefordert wurde von ihm zudem, dem einzelnen mehr Verantwortung an seinem Arbeitsplatz zu geben, möglichst viel heute noch uninteressante Arbeitsplätze zur Steigerung der Zufriedenheit aufzuwerten.

Die erste Runde des Hambacher Disputs stand ganz im Zeichen der Dauerarbeitslosigkeit von rund zwei Millionen Menschen in der Bundesrepublik. Professor Theodor Strohm (Heidelberg), Sozialexperte der Evangelischen Kirche, warnte davor, die Lösung des Problems im wirtschaftlichen Wachstum zu suchen; langjährige Konzepte und insbesondere eine stärkere Koordination seien dringend notwendig. Dabei dürfe jedoch nicht am Prinzip der sozialen Marktwirtschaft, die auf individuelle Leistung des einzelnen setze, gekratzt werden, so Johannes Göbel von der Bundesvereinigung der Deutschen Arbeitgeberverbände. Die gleichmäßige Verteilung von Gütern und Rechten habe gerade im rapide zusammenstürzenden sozialistischen Wirtschaftssystem ihre Unfähigkeit zur Lösung wirtschaftlicher und sozialer Probleme bewiesen.

Sonntag Aktuell vom 10.12.1989

Barth, A.:	**Über die rasende Zeit der gehetzten Gesellschaft.** - In: Der Spiegel vom 15.5.1989.
Das Argument:	**Zeitschrift für Philosophie und Sozialwissenschaften.** H. 4/1987: Klassenkämpfe um Zeit.
Engholm, B. u.a. (Hg.):	**Die Zukunft der Freizeit.** Weinheim: Beltz-Verlag 1989.
Geißler, K.:	**Zeit leben.** Weinheim: Beltz-Verlag 1987.
Kuhn, T.:	**Der Preis der Zeit.** - In: WechselWirkung Nr. 56/1992, S. 12ff.

Projekt Zeit

Zeitkrankheit Langeweile

*"Wer sich langweilt,
wird von der Zeit erdrückt!"*
(Schülerzitat)

Ursula Nuber ging 1990 in einem Artikel für die Zeitschrift "Psychologie Heute" der Frage nach, warum wir uns trotz aller Abwechslung und Ablenkung lanweilen. Langeweile scheint sich zu einer echten Zeitkrankheit entwickelt zu haben. Diese Krankheit soll in diesem Teilprojekt erforscht werden.

Die Forschung fängt am besten bei uns selbst an. Die eigene Einstellung zu Kurz- und Langweiligem wird klar sein müssen, bevor ein Fragebogen erstellt wird, mit dessen Hilfe Mitmenschen befragt werden können.

Die Diagnose allein kann aber nicht das Ziel sein. Maßnahmen gegen die Langeweile sind zu überlegen. Oder sind wir dieser Zeitkrankheit hilflos ausgeliefert?

Oder heißt das Problem ganz einfach "Zeit-Freiheit"? Auch das persönliche Verfügen über die (Frei-)Zeit will gelernt sein. Ein paar persönliche Fragen als Einstiegshilfe: Wie gehe ich mit meiner Zeit um? Was ist mein persönlicher Rhythmus? Was muß ich tun, um sagen zu können: Ich habe Zeit?

Wer sich seine Zeit richtig einteilt, langweilt sich nie! Oder? ■

*"Langeweile ist das Vorgefühl
eines langsamen Todes."*
(Immanuel Kant)

Haben Sie Angst vor Langeweile?

	Ja	Nein	Weiß nicht
Insgesamt	12	77	11
West	11	79	10
Ost	15	68	17
Rentner	13	73	14
Schüler/Studenten	10	90	0

Umfrage aus "Die Woche" vom 29. Juli 1993

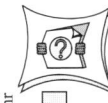

Geißler, K.:	**Zeit leben.** Weinheim: Beltz-Verlag 1987.	
Holbein, U.:	**Walter sah rauchend auf die Uhr.** Ein Tageslauf. - In: Die Zeit vom 13.3.1992.	
Nowotny, H.:	**Entstehung und Strukturierung eines Zeitgefühls.** Frankfurt/M.: Suhrkamp-Verlag 1993.	
Nuber, U.:	**Warum wir uns langweilen.** - In: Psychologie heute. H. 5/1990.	
Petzhold, U.:	**Vorwärts im Müßiggang.** Für Goethe war Langeweile die Mutter der Musen ... - In: Die Woche vom 29.7.1993.	

Projekt Zeit

Zeitpioniere

"Als ich 36 Jahre alt war, hatte ich die Erleuchtung der Langsamkeit."
(Peter Handke)

Karriere, Konkurrenz, Streß - eine wachsende Zahl von Menschen scheint dem den Rücken zu kehren. Und siehe da, sie leben trotzdem weiter und sogar besser!

Einige davon gilt es für unser Projekt ausfindig zu machen. Beginnen wir doch mit dem Lehrer, der "auf halbe Stelle geht", ohne daß andere die Gründe dafür einsehen. Doch es gibt ja noch interessantere Menschen als Lehrer: Bankdirektoren, Fachärzte, Computerspezialisten und und und.

Was heißt das eigentlich, daß sie "ihr Leben langsamer machen"? Ist das auf Dauer nicht ebenso gefährlich wie der besagte Streß? Muß man Lebenskünstler sein, um zu so etwas zu taugen?

Ohne es zu bemerken, befinden wir uns im Kern des Zeit-Projekts. Man redet vor allem über das, was einem zum Problem geworden ist und in diesem Sinne nicht weiter lösbar erscheint. Erwarten wir also keine fertigen Lösungen, die wir auf einer Wandtafel präsentieren können. Ein Teilprojekt für die, die zur Langsamkeit bereit sind. Ein Versuch in Sachen "tätiger Muße" ... ■

Nichtstun ist nicht gleich nichts tun

Regionalgruppe Pfalz/Saarland
Jürgen Adam
Blumenstr.24
Tel.06332-13154

TEMPUS
VEREIN ZUR VERZÖGERUNG DER ZEIT
STERNECKSTRASSE 15, A-9010 KLAGENFURT, TEL.: 0463/27 00-742, FAX: 0463/27 00-759

LangSamkeit Lernen

WARUM NICHT FAUL UND GLÜCKLICH?

Das Recht auf Faulheit
Die Liebe zur Arbeit — ein verderbliches Dogma

Sie nennen es Glück und verzichten auf Sparbuch und Eigenheim

Zeitpioniere: Menschen, die ihr Leben langsamer machen
Von unserem Mitarbeiter Günter Beling

„Alles hat seine Zeit"
Von der Bedeutung der individuellen Zeit im Schulalltag

Zeitpioniere
Flexible Arbeitszeiten – neuer Lebensstil
Von Karl H. Hörning, Anette Gerhardt und Matthias Michailow
stw 909. 206 Seiten. DM 16,–
In allen Buchhandlungen
Suhrkamp

„Nach 8 Stunden Arbeit ist der Tag kaput"

„Zeitpioniere" — eine Untersuchung von Aachener Soziologen zur Flexibilisierung der Arbeitszeit von unten / Immer Arbeitnehmer verordnen sich Zeitdiät / Aber noch sind „Zeitpioniere" Außenseiter und ziehen Skepsis und Neid a

Projekt Zeit

Zeitpioniere
(Fortsetzung)

Das Recht auf Faulheit
Die Liebe zur Arbeit — ein verderbliches Dogma

Eine seltsame Sucht beherrscht die Arbeiterklasse aller Länder, in denen kapitalistische Zivilisation herrscht, eine Sucht, die das in der modernen Gesellschaft herrschende Einzel- und Massenelend zur Folge hat. Es ist dies die Liebe zur Arbeit, die rasende, bis zur Erschöpfung der Individuen und ihrer Nachkommenschaft gehende Arbeitssucht. Statt gegen diese geistige Verirrung anzukämpfen, haben die Priester, die Ökonomen und die Moralisten die Arbeit heilig gesprochen. Blinde und beschränkte Menschen, haben sie weiser sein wollen als ihr Gott; schwache und unwürdige Geschöpfe, haben sie das, was ihr Gott verflucht hat, wiederum zu Ehren zu bringen gesucht.

Welches sind in unserer Gesellschaft die Klassen, welche die Arbeit um der Arbeit willen lieben? Die Kleinbauern und Kleinbürger, welche, die einen auf ihren Acker gebückt, die anderen in ihren Boutiken vergraben, dem Maulwurf gleichen, der in seiner Höhle herumwühlt, und sich nie aufrichten, um mit Muße die Natur zu betrachten. Und auch das Proletariat, die große Klasse der Produzenten aller zivilisierten Nationen, die Klasse, die durch ihre Emanzipation der Menschheit von der knechtischen Arbeit erlösen und aus dem menschlichen Tier ein freies Wesen machen wird, auch das Proletariat hat sich, seinen historischen Beruf verkennend, von dem Dogma der Arbeit verführen lassen. Hart und schrecklich war seine Züchtigung. Alles individuelle und soziale Elend entstammt seiner Leidenschaft für die Arbeit.

In der kapitalistischen Gesellschaft ist die Arbeit die Ursache des geistigen Verkommens und körperlicher Verunstaltung. Man betrachte den stolzen Wilden, wenn ihn die Missionare des Handels und die Handlungsreisenden in Glaubensartikeln noch nicht durch Christentum, Syphilis und das Dogma der Arbeit korrumpiert haben, und dann vergleiche man mit ihnen unsere abgerakkerten Maschinensklaven!

Will man in unserem zivilisierten Europa noch eine Spur ursprünglicher Schönheit des Menschen finden, so muß man zu den Nationen gehen, bei denen das ökonomische Vorurteil den Haß wider die Arbeit noch nicht ausgerottet hat. Spanien, das jetzt allerdings auch aus der Art schlägt, darf sich rühmen, weniger Fabriken zu besitzen als wir Gefängnisse und Kasernen; und unser Herz schlägt höher, wenn wir den in seiner durchlöcherten „Capa" majestätisch drapierten Bettler einen Herzog von Ossuna mit „amigo" traktieren hören. Für den Spanier, in dem das ursprüngliche Tier noch nicht ertötet ist, ist die Arbeit die schlimmste Sklaverei. Auch die Griechen hatten in der Zeit ihrer höchsten geistigen Blüte nur Verachtung für die Arbeit; den Sklaven allein war es gestattet zu arbeiten, der freie Mann kannte nur körperliche Übung und Spiele des Geistes. Wenn die Arbeiterklasse sich das Laster, welches sie beherrscht und ihre Natur herabwürdigt, gründlich aus dem Kopf schlagen und sich in ihrer furchtbaren Kraft erheben wird, nicht um die famosen „Menschenrechte" zu verlangen, die nur die Rechte der kapitalistischen Ausbeutung sind, nicht um das „Recht auf Arbeit" zu proklamieren, das nur das Recht auf Elend ist, sondern um ein ehernes Gesetz zu schmieden, das jedermann verbietet, mehr als drei Stunden pro Tag zu arbeiten, so wird die alte Erde, zitternd vor Wonne, in ihrem Inneren eine neue Welt sich regen fühlen

Paul Lafargue[*]

[*] Mitbegründer der sozialistischen Partei Frankreichs und K. Marxs Schwiegersohn.

EUROTAZ — diese Woche zusammengestellt von taz-Brüssel
Thema: Recht auf Faulheit

Ausstieg aus der Leistungsgesellschaft? Der Traum ist vermutlich so alt wie die Leistenden selbst, von seiner Verwirklichung sind wir jedoch weiter entfernt denn je. Die Romantiker des 19. Jahrhunderts schafften es ebensowenig wie die Hippies der 60er Jahre. Vor dem Fall der Mauer schien es, als ob die „merkwürdige Krankheit", die menschliche Beziehungen verpestet und der Natur einheizt, endlich behandelt werden könnte. Vor allem im Ursprungsland der Workoholics fing man plötzlich an, sich der zerstörerischen Wirkung des eigenen Tuns bewußt zu werden. Was sich die Wirtschaftswunderkinder dank ihres Reichtums leisten konnten, galt den meisten Nachbarn jedoch als typisch deutscher Spleen. Das kurze Techtel-Mechtel mit dem Leistungswahn — niemand redet mehr davon: Schließlich soll am deutschen Wesen nun doch noch die Welt genesen. Das Modell Deutschland ist attraktiver denn je — nicht nur in Osteuropa, auch in südlichen Ländern versuchen die Reformer deutsche Effizienz einzuführen. Als Drohmittel dient ihnen dabei die Konkurrenz im EG-Binnenmarkt. Ob dies ausreicht, den Leuten ihre über die Jahrtausende gepflegten Lebensstile auszutreiben? Passiver Widerstand ist nicht nur in Irland, Italien und Spanien hoch im Kurs. Doch ein Recht auf Faulheit, wie es Marx' Schwiegersohn im letzten Jahrhundert einklagte, fordert niemand mehr.

Bode-Weißenberg, S.:	**Zeitpioniere.** - In: Psychologie Heute, August 1990, S. 8ff.	
Hörnig, K.-H.:	**Es wird Zeit für die "Zeitpioniere".** - In: WechselWirkung. H. 56/1992, S. 4ff.	
Hörnig, K.-H. u.a.:	**Zeitpioniere.** Flexible Arbeitszeiten - neuer Lebensstil. Frankfurt/M.: Suhrkamp-Verlag 1991.	
Nadolny, S.:	**Die Endeckung der Langsamkeit.** München/Zürich: Piper 1987.	
Schönfeld, S.:	**Warum nicht faul und glücklich?** - In: ZEIT-Magazin. H. 37/1990, S. 76.	

Projekt Zeit

Zeit füreinander

"Der Mensch ist ein geselliges Tier."
(Aristoteles)

Zeit füreinander - Gespräch!
Möchte ich das überhaupt?
Mit wem spreche ich gern?
Mit wem nicht?
Warum?
Welche Bedingungen müssen andere erfüllen, damit ich mit ihnen spreche?

Leitfragen des Teilprojekts könnten sein:
- Warum sprechen wir miteinander?
- Was von uns zeigen wir im Gespräch, was besser nicht?
- Wie führe ich ein Gespräch?
- Welche Gesprächsformen gibt es?
- Wie werden sie praktiziert?

Grom, B.: **Methoden für Religionsunterricht, Jugendarbeit und Erwachsenenbildung.** Düsseldorf: Vandenhoeck-Verlag 1988.

Marmet, O.: **Ich und Du und so weiter.** Kleine Einführung in die Sozialpsychologie. München: Psychologie-Verlags-Union 1988.

Schulz v. Thun, F.: **Miteinander reden: Störungen und Klärungen.** Reinbek: Rowohlt-Verlag 1981.

Steinemann, Y. u.a.: **Kommunikation - ein Kinderspiel.** Mülheim: Verlag an der Ruhr und Schulstelle 3. Welt 1990.

Weisbach, C. u.a.: **Zuhören und Verstehen.** Reinbek: Rowohlt-Verlag 1979.

Projekt Zeit

Die Zeitung

*"Nichts ist älter
als die Zeitung von gestern."*
(Sprichwort)

Daß eine Zeitung zum Thema "Zeit" gehört, wird niemanden überraschen. Was läge näher, als eine Zeitung zu untersuchen, die sich auch noch "Die Zeit" nennt. Man kann also sogar Zeit "abonnieren" bzw. "kaufen"! Möglich Themen können sein:
- Geschichte dieser Wochenzeitung
- Aufbau und journalistische Formen
- Politischer Standort
- Aspekt "Zeit"
- Technische und betriebswirtschaftliche Probleme
- Anzeigen
- Leserschaft
- Das "Zeit-Magazin", ein Magazin des Zeitgeistes?

Zeitung lesen können ist keine Selbstverständlichkeit. Wozu lesen wir? Wie lesen wir? Ist die Zeitung von heute das Altpapier von morgen? Welche Aufgaben hat ein Medium? Was versteht man unter "Pressekodex"?
Ist er zu realisieren? Worin bestehen die Unterschiede zu einer Tageszeitung (die zum Vergleich herangezogen wird)? "Zeitgeist" in der "Zeit"?

Natürlich könnt Ihr auch andere Zeitungen auswählen, ob Tageszeitung, Wochenzeitung oder Monatszeitung.
Die Frage bleibt immer, was die Zeitung mit der Zeit zu tun hat.

"Die Zeit" hat einen eigenen "Media-Dienst", in dem sich zuhauf Zahlen und Daten (Geschichte der Zeitung, Mitarbeiter, Auflage, Lerserschaft, Umsatz, Druck u. Vertrieb etc.) finden.
Einfach mal anfordern!

DIE ZEIT
WOCHENZEITUNG FÜR POLITIK · WIRTSCHAFT · HANDEL UND KULTUR
ZEITmagazin

Schulbildung	DIE ZEIT	WAMS	FAZ	DIE WELT	SÜDD. ZTG.	HANDELS-BLATT	Ges. Bev. (Mio)
Volksschule							
Reichweite in Tausend	240	330	160	140	220	100	27,45
Reichweite in %	0,9	1,2	0,6	0,5	0,8	0,4	-
Zusammensetzung in %	14	29	17	21	19	20	56
Weiterführende Schule ohne Abitur							
Reichweite in Tausend	400	420	270	200	390	180	13,28
Reichweite in %	3,0	3,1	2,0	1,5	3,0	1,4	-
Zusammensetzung in %	24	36	28	31	35	34	27
Abitur/Hochschule/Universität							
Reichweite in Tausend	1.000	390	520	320	510	230	8,27
Reichweite in %	12,1	4,8	6,7	4,1	6,6	3,0	-
Zusammensetzung in %	61	35	55	48	45	45	17

Beruf des Befragten (berufstätig zum Zeitpunkt der Umfrage)	DIE ZEIT	WAMS	FAZ	DIE WELT	SÜDD. ZTG.	HANDELS-BLATT	Ges. Bev. (Mio)
Inhaber, Leiter von Unternehmen, freie Berufe							
Reichweite in Tausend	60	30	40	20	20	30	0,40
Reichweite in %	15,0	7,5	10,0	5,0	5,0	7,5	-
Zusammensetzung in %	4	3	4	3	2	6	1
Kleine und mittlere Selbständige							
Reichweite in Tausend	80	90	60	50	70	70	1,96
Reichweite in %	4,1	4,6	3,1	2,6	3,6	3,6	-
Zusammensetzung in %	5	8	6	8	6	13	4
Leitende Angestellte und Beamte							
Reichweite in Tausend	190	80	150	80	110	110	1,53
Reichweite in %	12,4	5,2	9,8	5,2	7,2	7,2	-
Zusammensetzung in %	12	7	16	12	10	21	3
Qualifizierte Angestellte und Beamte							
Reichweite in Tausend	330	180	180	120	260	120	5,30
Reichweite in %	6,2	3,4	3,4	2,3	4,9	2,3	-
Zusammensetzung in %	20	16	19	18	23	23	11
Sonstige Angestellte und Beamte							
Reichweite in Tausend	170	120	110	90	170	50	7,20
Reichweite in %	2,4	1,7	1,5	1,3	2,4	0,7	-
Zusammensetzung in %	10	11	12	14	15	10	15
Facharbeiter							
Reichweite in Tausend	50	80	30	20	50	10	5,24
Reichweite in %	0,9	1,5	0,6	0,3	0,9	0,3	-
Zusammensetzung in %	3	7	3	3	5	2	11
Sonstige Arbeiter							
Reichweite in Tausend	10	20	0	10	20	0	2,66
Reichweite in %	0,4	0,8	0	0,4	0,8	0	-
Zusammensetzung in %	1	2	0	1	2	0	5
Landwirtschaftliche Berufe							
Reichweite in Tausend	0	0	0	0	0	0	0,34
Reichweite in %	0	0	0	0	0	0	-
Zusammensetzung in %	0	0	0	0	0	0	1

Zeitungsjahrbuch Deutschland. Meldungen und Meinungen großer deutscher Tageszeitungen. München: Kastell-Verlag 1991.

Dovifat, E. u.a.: **Zeitungslehre.** 2 Bände. Berlin: Gruyter-Verlag ⁶1976.

Hahner, A.: **Die Zeitungsanzeige.** Braunschweig: Westermann-Verlag ³1990.

Meissner, M.: **Zeitungstechnik.** München: List-Verlag 1992.

ZEIT-Magazin: **Die Zeit vergeht.** H. 1/1988.

Projekt Zeit

Die Projekt-Zeitung

Angenommen, keine der täglich insgesamt rund 6.500 (!) an unseren Bahnhofskiosken angebotenen Zeitschriften und Zeitungen sagt uns zu. Lesevergnügen adé? Keineswegs: Wir produzieren selbst eine Zeitung, zumal uns das Zeitprojekt genügend Stoff liefert.
Die publizistischen Grundsätze, der Pressekodex, werden auch in der Schule beachtet, doch wir lassen uns auch nicht über Gebühr einschränken. Angestrebt wird eine Vielfalt journalistischer Präsentationsformen:
Nachricht, Bericht, Kommentar, Interview, Karikatur und Fotos. Die übrigen Teilprojekte werden beobachtet, doch nicht gestört, indem wir mit der Tür ins Haus fallen.
Ein Problem ergibt sich bestimmt: Unternehmungen, die mit dieser gleichzeitig laufen, sind gleichwertig zu behandeln. Und "verkauft" werden soll das Produkt Zeitung auch noch.
Vielleicht geben wir sie als Sondernummer der Schülerzeitung heraus, zumal die Teilnehmer potentielle Schülerzeitungsredakteure sind. Doch das ist nur eine Möglichkeit von vielen.

Es geht darum, zwei gegensätzliche Elemente auszubalancieren: Einerseits soll eine einheitliche Gestaltungslinie erzeugt werden, andererseits soll sie aber in der Lage sein, eine immer wieder neue Mischung von Informationen zu verarbeiten.

Eine der wichtigsten Aufgaben eines Zeitungsgestalters ist es, die verschiedenen Titel in eine Rangfolge der Wichtigkeit zu bringen.
(Roger C. Parker)

Eggerer, W. u.a.: **Die Nachricht.** München: Manz-Verlag ³1987.

Hahner, A.: **Die Zeitung im Unterricht.** Braunschweig: Westermann-Verlag ¹1990.

Hoofacker, G. u.a.: **Wir machen eine Zeitung.** Ein Handbuch für den Journalismus zum Selbermachen. Göttingen: Steidl-Verlag 1989.

Meyer, W.: **Zeitungspraktikum.** P. Schulz-Verlag 1993.

Stascheit, W. u.a.: **Computer lernen kritisch.** Mülheim: Verlag an der Ruhr 1991.

Projekt Zeit

Literaturverzeichnis

Zum Stichwort "Zeit" finden sich unzählige Titel im Computer der Buchhändler und Bibliotheken. Wer Material sucht, drückt einfach aufs Knöpfchen! Hier eine kleine Auswahl (Stand: Januar 1996)

Aschoff, Jürgen u.a.:	Die Zeit. Dauer und Augenblick. München/Zürich: Piper-Verlag 1989.
Asimov, Isaac:	Der lange Marsch durch die Zeit. München: Heyne-Verlag 1995.
Aveni, Anthony:	Rhythmen des Lebens. Eine Kulturgeschichte der Zeit. Stuttgart: Klett-Cotta-Verlag 1991.
Barth, Ariane:	Über die rasende Zeit der gehetzten Gesellschaft. - In: Der Spiegel vom 15.5.1989.
Blumenberg, Hans:	Lebenszeit und Weltzeit. Frankfurt/M: Suhrkamp-Verlag 1985.
Dohrn-van Rossum, Gerhard:	Die Geschichte der Stunde. Uhren und moderne Zeitordnungen. München: Hanser-Verlag 1992.
Elias, Norbert:	Über die Zeit. - In: Merkur 36. Jg. (1982), S. 841-856 und 998-1016.
Fraser, Julius:	Die Zeit. Auf den Spuren eines vertrauten und doch fremden Phänomens. München: dtv 1992.
Geißler, Karlheinz A.:	Zeit leben. Weinheim: Beltz-Verlag 1987.
Geißler, Karlheinz A.:	Auf der Suche nach dem verlorenen Lebensrythmus. - In: Psychologie heute 5/1995.
Haber, Heinz:	Die Zeit. Geheimnis des Lebens. München: Knaur-Verlag 1987.
Haselbach, Stefen (Hg.):	Zeitreisen. Von Schwarzen Löchern und Möglichkeiten der Zukunft. Hamburg: Byblos-Verlag 1995.
Held, M./Geißler K.A. (Hgg.):	Ökologie der Zeit. Vom finden der rechten Zeitmaße. Stuttgart: Universitas-Verlag 1993.
Hawking, Stephen W.:	Eine kurze Geschichte der Zeit. Die Suche nach der Urkraft des Universums. Reinbek: Rowohlt-Verlag 1988.
Hesse, Joachim Jens/ Zöpel, Christoph (Hgg.):	Neuorganisation der Zeit. Forum Zukunft II. Baden-Baden: Nomos-Verlag 1987.
Hörnig, Karl H. / Gerhardt, Anette/ Michailow, Matthias:	Zeitpioniere. Frankfurt/M.: Suhrkamp-Verlag 1990.

Projekt Zeit

Literaturverzeichnis
(Fortsetzung)

Liberty, Gene:	Die Zeit. Nürnberg/Hamburg: Tessloff-Verlag 1982.
Nadolny, Sten:	Die Entdeckung der Langsamkeit. München: Piper-Verlag 1983.
Nowotny, Helga:	Eigenzeit. Entstehung und Strukturierung eines Zeitgefühls. Frankfurt/M.: Suhrkamp-Verlag 1989.
Nuber, Ursula:	Zeitpioniere. - In: Psychologie Heute 2/1991.
Pandel, Hans-Jürgen:	Stechuhr und Stoppuhr. Mikrohistorie im Geschichtsunterricht. - In: Geschichte Lernen Heft 19 (1991), S. 31-43.
Rifkin, Jeremy:	Uhrwerk Universum. Die Zeit als Grundkonflikt des Menschen. München: Knaur-Verlag 1988.
Rothman, Tony:	Die sieben Pfeile der Zeit. Ein Wissenschaftsessay. - In: ZEIT-Magazin 1/1988.
Schmidt, Arno:	Aus julianischen Tagen. Frankfurt/M.: Fischer-Verlag 1979.
Schmidt, Josef/Wollner, Hilmar:	Zeitsouveranität. Der Weg zur modernen Zeit- und Lebensplanung. Bayreuth: Schmidt-Verlag 1988.
Stroppe, Werner:	Tages- und Jahreszeiten. Unterrichtsskizze für die Sekundarstufe I. - In: Praxis Geographie 8/1985, S. 20-24.
Tholen, Georg Christoph/ Scholl, Michael (Hgg.):	Zeit-Zeichen. Aufschübe und Interferenzen zwischen Endzeit und Echtzeit. Weinheim: VCH-Verlag 1990.
Tholen, Georg Christoph/ Scholl, Michael/Heller, Martin:	Zeitreise. Bilder, Maschinen, Strategien, Rätsel. (Katalog zur Ausstellung gleichen Titels des Museums für Gestaltung in Zürich vom 3.3.-2.5.1993). Frankfurt/M.: Stroemfeld/Roter Stern-Verlag 1993.
Virilio, Paul:	Rasender Stillstand. München: Hanser-Verlag 1992.
Whitrow, Gerald J.:	Die Erfindung der Zeit. Hamburg: Junius-Verlag 1991.
Zoll, Rainer (Hg.):	Zerstörung und Wiederaneignung von Zeit. Frankfurt/M.: Suhrkamp-Verlag 1988.

Verlag an der Ruhr
NICHT NUR EINE UNTERRICHTSEINHEIT
Mehr in unserem kostenlosen Gesamtkatalog.

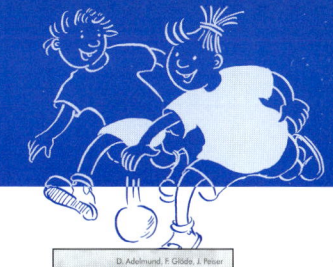

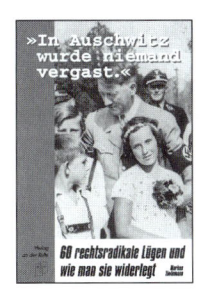

Ab 13 J., 184 S., 16x23 cm, Pb.
ISBN 3-86072-275-1
Best.-Nr. 2275
24,80 DM/sFr/181,- öS

Ab 12 J., 96 S., A4, Pb.
ISBN 3-86072-373-1
Best.-Nr. 2373
36,- DM/sFr/263,- öS

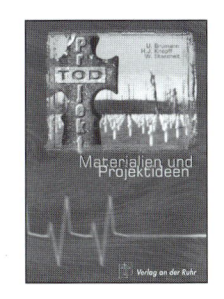

Ab 13 J., 96 S., A4, Pb.
ISBN 3-86072-285-9
Best.-Nr. 2285
36,- DM/sFr/263,- öS

Ab 12 J., 132 S., A4, Pb.
ISBN 3-86072-365-0
Best.-Nr. 2365
38,- DM/sFr/277,- öS

Ab 12 J., 180 S., A4, Pb.
ISBN 3-86072-324-3
Best.-Nr. 2324
48,- DM/sFr/350,- öS

Ab 11 J., 81 S., A4, Papph.
ISBN 3-86072-124-0
Best.-Nr. 2124
36,- DM/sFr/263,- öS

Ab 11 J., 77 S., A4, Papph.
ISBN 3-86072-282-4
Best.-Nr. 2282
36,- DM/sFr/263,- öS

Ab 10 J., 70 S., A4, Papph.
ISBN 3-86072-258-1
Best.-Nr. 2258
36,- DM/sFr/263,- öS

Ab 10 J., 75 S., A4, Papph.
ISBN 3-86072-161-5
Best.-Nr. 2161
36,- DM/sFr/263,- öS

Ab 12 J., 70 S., A4, Papph.
ISBN 3-86072-075-9
Best.-Nr. 2075
36,- DM/sFr/263,- öS

Ab 13 J., 79 S., A4, Papph.
ISBN 3-86072-334-0
Best.-Nr. 2334
36,- DM/sFr/263,- öS

Ab 10 J., 103 S., A4, Pb.
ISBN 3-86072-201-8
Best.-Nr. 2201
38,- DM/sFr/277,- öS

OS/SEK I, 160 S., A4, Pb.
ISBN 3-86072-301-4
Best.-Nr. 2301
38,- DM/sFr/277,- öS

Ab 10 J., 78 S., A4, Papph.
ISBN 3-86072-146-1
Best.-Nr. 2146
36,- DM/sFr/263,- öS

Ab 9 J., 103 S., A4, Papph.
ISBN 3-86072-271-9
Best.-Nr. 2271
36,- DM/sFr/263,- öS

Ab 11 J., 112 S., A4, Pb.
ISBN 3-86072-297-2
Best.-Nr. 2297
29,80 DM/sFr/218,- öS

Ab 13 J., 63 S., A4, Papph.
ISBN 3-86072-287-4
Best.-Nr. 2287
28,- DM/sFr/204,- öS

Ab 12 J., 50 S., A4, Papph.
ISBN 3-86072-337-5
Best.-Nr. 2337
28,- DM/sFr/204,- öS

Ab 10 J., 33 S., A4, Papph.
ISBN 3-86072-367-7
Best.-Nr. 2367
25,- DM/sFr/183,- öS

96 S., 17,5 x 25 cm, Pb.
ISBN 3-86072-298-0
Best.-Nr. 2298
19,80 DM/sFr/145,- öS

Verlag an der Ruhr • Postfach 10 22 51 • D-45422 Mülheim an der Ruhr • Tel.: 0208/495040 • Fax: 0208/4950495 • e-mail: info@verlagruhr.de

Religionen kennen lernen: Judentum Ab 10 J., 49 S., A4, Papph. ISBN 3-86072-339-1 **Best.-Nr. 2339** **28,- DM**/sFr/204,- öS	 Religionen kennen lernen: Buddhismus Ab 10 J., 49 S., A4, Papph. ISBN 3-86072-363-4 **Best.-Nr. 2363** **28,- DM**/sFr/204,- öS	 Religionen kennen lernen: Islam Ab 10 J., 49 S., A4, Papph. ISBN 3-86072-338-3 **Best.-Nr. 2338** **28,- DM**/sFr/204,- öS	 Ein Arbeitsbuch zu "Sofies Welt" Peer Olsen Ab 14 J., 136 S., A4, Pb. ISBN 3-86072-225-5 **Best.-Nr. 2225** **32,- DM**/sFr/234,- öS	 Auf den Spuren unseres Glaubens Ab 10 J., 76 S., A4, Papph. ISBN 3-86072-327-8 **Best.-Nr. 2327** **38,- DM**/sFr/277,- öS
 Sterben Äpfel auch? Textbuch Ab 9 J., 88 S., 16 x 23 cm, Pb. ISBN 3-86072-256-5 **Best.-Nr. 2256** **12,80 DM**/sFr/93,- öS	 Konflikte selber lösen Ab 10 J., 207 S., A4, Pb. ISBN 3-86072-220-4 **Best.-Nr. 2220** **45,- DM**/sFr/329,- öS	Mediation in der pädagogischen Arbeit 234 S., A5, Pb. ISBN 3-86072-341-3 **Best.-Nr. 2341** **29,80 DM**/sFr/218,- öS	Kommunikation und Selbstsicherheit Ab 12 J., 174 S., A4, Pb. ISBN 3-86072-209-3 **Best.-Nr. 2209** **42,- DM**/sFr/307,- öS	 Eine Persönlichkeit sein Ab 14 J., 64 S., A4, Papph. ISBN 3-86072-372-3 **Best.-Nr. 2372** **36,- DM**/sFr/263,- öS
 Freizeit Reisen Tourismus Ab 12 J., 100 S., A4, Papph. ISBN 3-86072-368-5 **Best.-Nr. 2368** **36,- DM**/sFr/263,- öS	 Projekt: Soziales Lernen 152 S., 15,3 x 22 cm, Pb. ISBN 3-86072-261-1 **Best.-Nr. 2261** **24,80 DM**/sFr/181,- öS	 Ich lebe viel Ab 12 J., 96 S., A4, Papph. ISBN 3-927279-79-X **Best.-Nr. 0979** **36,- DM**/sFr/263,- öS	Das alte Ägypten Ab 10 J., 91 S., A4, Papph. ISBN 3-86072-259-X **Best.-Nr. 2259** **36,- DM**/sFr/263,- öS	 Amsel, Drossel, Fink & Star GS/SEK. I., 196 S., A4, Pb. ISBN 3-86072-269-7 **Best.-Nr. 2269** **39,80 DM**/sFr/291,- öS
"Bleib ruhig!" Ab 10 J., Set mit Buch und CD ISBN 3-86072-328-6 **Best.-Nr. 2328** **38,- DM**/sFr/277,- öS	 Ich... werde erwachsen Ab 9 J., 49 S., A4, Papph. ISBN 3-86072-348-0 **Best.-Nr. 2348** **28,- DM**/sFr/204,- öS	 Wald-erlebnisspiele GS – Sek. I, 80 S., A4, Papph. ISBN 3-86072-294-8 **Best.-Nr. 2294** **36,- DM**/sFr/263,- öS	 Indianer-Spiele 240 S., 16 x 23 cm, Pb. ISBN 3-86072-293-X **Best.-Nr. 2293** **36,- DM**/sFr/263,- öS	 Kunst aktiv – Paul Klee Ab 10 J., 67 S., A4, Papph. ISBN 3-86072-295-6 **Best.-Nr. 2295** **32,- DM**/sFr/234,- öS
 Mit Freude die Natur erleben 3–99 J., 168 S., 14x21,5 cm, Pb. ISBN 3-927279-78-1 **Best.-Nr. 0978** **19,80 DM**/sFr/145,- öS	 mit kindern die natur erleben 3–99 J., 152 S., 11x18,5 cm, Pb. ISBN 3-927279-97-8 **Best.-Nr. 0997** **16,80 DM**/sFr/123,- öS			

Dies ist nur ein kleiner Auszug aus unserem Katalog. Dort finden Sie Unterrichtshilfen für alle Fächer von Kiga bis Sek II. Fordern Sie unseren Katalog an.

❏ **Bitte senden Sie mir Ihren kostenlosen Gesamtkatalog.**

Postfach 10 22 51, D–45422 Mülheim a. d. Ruhr
Alexanderstr. 54, D–45472 Mülheim a. d. Ruhr
Tel.: 02 08/49 50 40–Fax: 02 08/495 0 495
e-mail: info@verlagruhr.de

Name

Straße / Nr.

PLZ / Ort

Schulform / Arbeitsbereich

Datum/Unterschrift